Ich war eine Mafia-Chefin

Giuseppina Vitale
mit Camilla Costanzo

Ich war eine Mafia-Chefin
Mein Leben für die Cosa Nostra

Aus dem Italienischen
von Julia Eisele

Deutsche Verlags-Anstalt

Die Originalausgabe erschien 2009 unter dem Titel *Ero cosa loro. L'amore di una madre può sconfiggere la mafia* bei Mondadori, Mailand.

Verlagsgruppe Random House FSC-DEU-0100
Das für dieses Buch verwendete FSC-zertifizierte
Papier *Munken Premium Cream*
liefert Arctic Paper Munkedals AB, Schweden.

1. Auflage
Copyright © 2009 Arnoldo Mondadori Editore S.p.A., Milano
Copyright © der deutschsprachigen Ausgabe
2010 Deutsche Verlags-Anstalt, München,
in der Verlagsgruppe Random House GmbH
Alle Rechte vorbehalten
Typografie und Satz: DVA/Brigitte Müller
Gesetzt aus der Rotation
Druck und Bindung: GGP Media GmbH, Pößneck
Printed in Germany
ISBN 978-3-421-04442-6

www.dva.de

Inhalt

- 7 Was man über mich sagt
- 9 Angst und Sugo
- 11 Die Fardazza und der Drachen
- 28 Frauensache
- 43 Die Kuhhirten
- 49 Das Ritual
- 64 Eine günstige Gelegenheit
- 70 Das Herz in der Hose
- 78 Ein Strauß roter Rosen
- 88 *La fuitina*
- 98 Kannibalen
- 108 Die »Universität«
- 117 Die guten Jungs
- 125 *'U pigghiaru!* – Sie haben ihn erwischt!
- 134 Wintermelonen
- 140 Das Jahr des Erdbebens
- 151 »Ehrenfrau«
- 159 Wie der falsche Riina starb
- 168 Der Adler und das Huhn
- 176 Ich, Giuseppina Vitale

- 181 Nachwort von Camilla Costanzo
- 191 Dank

Was man über mich sagt

Man sagt von mir, ich sei die erste »Ehrenfrau«, die erste Mafia-Angehörige, die als Kronzeugin ausgesagt hat. Die Zeitungen haben sich darauf gestürzt: »Das Geständnis des weiblichen Bosses. Giuseppina Vitale, Schwester zweier unbeugsamer Mitglieder der Cosa Nostra, stand an der Spitze des mächtigen und grausamen Clans in Partinico... Die Mafia-Lady, die mächtiger sein wollte als ihre Bosse... Der Boss im Minirock... Bei den Clans hält das Matriarchat Einzug... Ihr Bruder Leonardo, der gerade eine Strafe absitzt, sagt: ›Ich habe gehört, dass eine ehemalige Blutsverwandte mit der Polizei kollaboriert. Wir sagen uns von ihr los, ob lebendig oder tot, was sie hoffentlich bald sein wird... Sie ist ein giftiges Insekt!‹«

All die, die mich tot sehen wollen, nennen mich *nuddu ammiscatu cu' nente*, einen Niemand, vermischt mit dem Nichts. Aber dieses »Nichts« hat sie alle in die Knie gezwungen; damit ihre Kinder nicht so leben müssen wie ich. Damit sie kein Leben führen müssen, in dem die Liebe zur Familie zu einer tödlichen Falle wird.

1998 wurde ich verhaftet. Während ich einsaß, brachten sie meinen Sohn zu mir. Er war damals sechs Jahre alt. Er fragte mich, warum ich ins Gefängnis gekommen war, und dann: »Mama, was ist die Mafia?« Ich wusste nicht, was ich ihm antworten sollte. Ich nahm ihn in den Arm, setzte ihn auf einen Stuhl und versuchte es ihm zu erklären. Ich sagte zu ihm, dass die Mafia eine schlimme Sache sei und dass ich es ihm besser erklären würde, wenn er größer sei. Aber seine Frage ließ mir keine Ruhe. Ich fing an, ernsthaft über mein Leben nachzudenken, über meine Entscheidungen, die keine gewesen waren, und darüber, was ich für meine Kinder wollte. Für sie, für Francesco und Rita, habe ich jegliches Band zu meiner Vergangenheit gekappt.

Angst und Sugo

An manchen Abenden stand die Zeit still.

Ich war erst sechs Jahre alt, aber ich konnte im Gesicht meiner Mutter lesen wie in einem Buch: Nervosität, Anspannung, Zweifel, Fragen ... und Angst, eine Angst, die sie nur schlecht verbergen konnte, weil sie ihre Gesichtszüge verzerrte. Doch der Schein der Normalität wurde immer aufrechterhalten.

Meine Schwester Nina folgte ihr wie ein Schatten, wiederholte die immer gleichen Gesten und Handgriffe, die uns alle beruhigen sollten. Wir waren gerade mit dem Abendessen fertig; auf dem Gasherd die leeren Töpfe, auf dem Tisch die schmutzigen Teller, Brotkrümel ... und drei unberührte Gedecke. In der Luft hing der Duft von Tomatensoße, der sich mit einem anderen, durchdringenderen Geruch vermischte. Ich nahm ihn wahr, hatte aber noch keinen Namen dafür: den Geruch der Angst.

Mein Vater Giovanni schien sich in eine *fimmina*, eine Frau, verwandelt zu haben: Er half den Tisch abzuräumen, bewegte sich mechanisch, und in seinen blauen Augen war eine große Leere. Wir wagten nicht einmal, uns ins Gesicht zu sehen. Wir warteten auf *sie*, ohne zu wissen, ob sie zurückkommen würden.

Als sie das Haus verließen, hatten sie leise miteinander gesprochen, wissende Blicke getauscht, waren hektisch und fahrig gewesen und hatten ihre Anspannung nur mühsam im Zaum halten können. Sie sagten uns nie, wohin sie gingen, und wir fragten sie auch nicht.

Von draußen, vom Dorf, war kein Geräusch, kein Laut zu hören. Durch die angelehnte Tür, die zur Straße führte, drang nur Dunkelheit.

Mit einem Mal wurde die Tür aufgerissen: Meine Brüder waren zurück. Leonardo, Michele und Vito kamen herein wie die Furien, verschwitzt, mit Augen, die aus den Höhlen zu treten schienen. Sie rochen irgendwie süßlich und gleichzeitig streng: nach Blut und Adrenalin. Sie brüllten uns Befehle zu, ohne uns dabei anzusehen. Sie hatten den Albtraum, dem sie gerade entronnen waren, mit nach Hause gebracht, und wollten ihn so schnell wie möglich aus der Erinnerung löschen.

Ihre Kleider und Schuhe flogen durch den Flur.

»Mama, wasch sofort diese Sachen, auch die Schuhe! Mach schnell!«, schrie Leonardo.

Und meine Mutter gehorchte, ohne Fragen zu stellen. Das Geschrei war überflüssig. Sie wusste ohnehin, was sie zu tun hatte. Und sie tat es immer schweigend.

Die Fardazza und der Drachen

Obwohl ich erst sechs war, wusste ich schon genau, wer ich war. In einem Ort wie Partinico erklärt einem keiner was, aber wenn man ins Dorf geht, bekommt man mit, wie die Leute reden und Andeutungen machen. Und wir waren die *Fardazza*. Sie nannten uns so: die Fardazza. Meine Mutter hasste es, so genannt zu werden, es klang irgendwie schmutzig, grob. Man hatte uns diesen Namen verpasst, nachdem mein Vater sich einen Lamborghini-Traktor gekauft hatte. Er war riesig, rot und glänzend, und mein Vater war sehr stolz auf ihn. Als er ihn zum ersten Mal auf dem Feld einsetzte, fiel den Nachbarn, die ihm dabei zusahen, wie er mit der Egge den Boden umpflügte, auf, dass die umgegrabenen Erdschollen besonders groß waren und auf dem Acker regelrechte Hügel bildeten.

»Sieh mal, Giovanni, was der Pflug für Haufen aufwirft!«

Von da an hieß mein Vater *Giannino Fardazza*, Onkel Giannino der Erdschollen. Und wir waren die Fardazza. Später nannten sie uns dann den »Fardazza-Clan«. Aber die Leute hüteten sich, diesen Namen in unserer Gegenwart auszusprechen.

Was meine Brüder getan hatten, erfuhr ich aus dem Radio, dem Fernsehen und den Gesprächen der Leute. Im Dorf beschuldigte man sie niemals öffentlich, verfluchte aber die *malacarni*, die Verbrecher, die einen Familienvater umgebracht oder ein Warenlager in Brand gesetzt hatten.

Sie waren wütend, schimpften und fluchten. Auch wenn ich noch ein Kind war, wusste ich, dass sie meine Brüder nicht ausstehen konnten, und dafür hasste ich sie alle. Ich liebte Nardo (so nennen wir Leonardo bis heute), Michele und Vito so sehr, dass ich überhaupt nicht auf die Idee kam, sie könnten »die Bösen« sein. Die Bösen waren die anderen, die schlecht über meine Brüder redeten, aber nicht den Mut hatten, etwas gegen sie zu tun.

Überhaupt tat niemand jemals etwas. In meiner Kindheit war Partinico, dreißig Kilometer westlich von Palermo gelegen, tiefstes, starrstes, dem Gesetz des Schweigens unterworfenes Sizilien, beinahe schlimmer als Palermo selbst. Die Landschaft ist wunderschön: Felder, Weinberge, Zitrusbäume. Der Regisseur Damiano Damiani hat hier einige Szenen seines Films *Der Tag der Eule* gedreht, die Verfilmung des gleichnamigen Romans von Leonardo Sciascia. Die Hauptdarsteller waren Franco Nero und eine wilde, umwerfend schöne Claudia Cardinale. Dieser Flecken Erde war meine ganze Welt. Sie erstreckte sich zwischen dem Dorf, den Feldern und dem künstlich angelegten Stausee Jato, der es uns möglich machte, unser Land in Baronia, einem Örtchen nahe Partinico, zu bewässern. Mit sechs Jahren interessierst du dich nicht dafür, was im Rest der Welt passiert. Und ich wusste auch wenig darüber.

Man schrieb das Jahr 1978, und auch Italien kümmerte sich nicht groß um Sizilien. Am 16. März hatten die Roten Brigaden Aldo Moro entführt, den ehemaligen italienischen Ministerpräsidenten und Parteivorsitzenden der Democrazia Cristiana. Man fand seine Leiche am 19. Mai nach 55 Tagen Geiselhaft mitten im Zentrum Roms in einem Kofferraum.

Es waren die Jahre der »Strategie der Spannung«, des linken und rechten Terrorismus, und am 9. Mai ging auch die Ermordung Peppino Impastatos, eines jungen Kämpfers auf Seiten der Democrazia Proletaria, auf das Konto des Terrors. Man fand ihn tot auf den Gleisen der Zugstrecke Palermo – Trapani, auf der Höhe von Cinisi, seinem Heimatdorf. Man ging davon aus, dass ihn die Bombe, die er selbst hatte legen wollen, getötet hatte. Der *Corriere della Sera* titelte: »Linksextremer von eigener Bombe auf Bahngleisen zerfetzt.« Es war nur eine kleine Notiz, die in der allgemeinen Trauer um Aldo Moro unterging.

In Wirklichkeit war Giuseppe Impastato von der Mafia »zerfetzt« worden – auf Befehl von Don Tano Badalamenti. Badalamenti war die herrschende Macht in Cinisi, und Peppino hatte sie Tag für Tag mit seinem kleinen, selbst gegründeten Radiosender attackiert – vielleicht mit dem Mut des Ahnungslosen.

1966 hatte er einen Artikel mit dem Titel »Mafia, ein Riesenberg Scheiße« geschrieben, woraufhin ihn sein Vater, ebenfalls ein Ehrenmann, aus dem Haus warf. Seine Verwandten, auch sie ausnahmslos Mafiosi, hatten ihr Urteil längst gefällt:

»Wenn er mein Sohn wäre, würde ich eine Grube graben und ihn darin beerdigen.«

Gaetano Badalamenti, auch Don Tano genannt, war in den 1960er Jahren ein echter *mammasantissima*, ein mächtiger Mafia-Boss. Doch schon im Jahr 1977 begann sein Stern zu sinken. Die Führungsspitze der Cosa Nostra hatte ihn aufs Abstellgleis verbannt; er war nicht mehr Mitglied der Kommission*, auch wenn er noch ihrem Ehrenkodex verpflichtet war. Am Horizont waren die *viddani, chiddu*

---

* Die Kommission ist das zentrale Führungsorgan der hierarchisch strukturierten Cosa Nostra und setzt sich regulär aus 11 bis 16 Mitgliedern zusammen, von denen jedes eine Region Siziliens vertritt (Anm. d. Übers.).

cu' peri incritati erschienen, Bauern mit schlammverdreckten Schuhen aus Corleone, an ihrer Spitze Luciano Liggio, Salvatore Riina und Bernardo Provenzano, die wild entschlossen waren, die »Palermitaner« und mit ihnen alle Vertreter der alten Cosa Nostra in ihren Markenanzügen und mit dem Ring am kleinen Finger, egal mit welchen Mitteln, aus dem Weg zu räumen. Denn diese hätten niemals dem Staat die Stirn geboten, schon deshalb, weil sie ihre Geschäfte nicht gefährden wollten.

In diesen Jahren hatte die Cosa Nostra entdeckt, welche Unmengen an Geld mit Amerika und dem Handel von Heroin zu machen waren, etwas, wo die Corleonesi außen vor blieben, weil sie anders als die Palermitaner keine Verwandten in den Vereinigten Staaten hatten. Tano Badalamenti und seine Leute hingegen hatten die besten Verbindungen in die USA: Salvatore di Rigano zum Beispiel war der Cousin von Carlo Gambino, bis zu seinem Tod 1976 einer der einflussreichsten Clan-Bosse New Yorks. Wenn die *viddani* also Amerika erobern wollten, dann mussten sie in Sizilien damit anfangen.

Schließlich gelang es ihnen, Michele Greco, den Erben der palermitanischen Mafia-Aristokratie, wegen seiner Eleganz und Stattlichkeit auch »der Papst« genannt, auf ihre Seite zu ziehen. Er war das Oberhaupt der Familie von Ciaculli und hatte vor allem den Vorsitz der Kommission inne.

»Der Papst« musste zwischen allen Familien vermitteln, hielt sich aber darüber bedeckt, wie sehr die Corleonesi die anderen Mitglieder der Kommission unterwanderten: Tano Badalamenti, Stefano Bontade von Santa Maria del Gesù in Palermo, Salvatore Inzerillo, Giuseppe Di Cristina, Capo der Familie von Riesi, und Giuseppe (genannt Pippo) Calderone aus der Familie von Catania.

In diesem Jahr 1978 mussten die unbeugsamen Gegner der Corleonesi sterben, jene – wie Di Cristina –, die deren Absichten durchschaut und darüber sogar mit den Carabinieri gesprochen hatten: Giuseppe Di Cristina wurde am 30. Mai in der Via Leonardo da Vinci in Palermo getötet. Er war der erste Mafia-Boss, der sich einen gepanzerten Wagen zulegte, aber er sollte ihm nichts nützen. Sie erschossen ihn auf offener Straße, noch bevor er in sein Auto steigen konnte. Sein Freund Pippo Calderone wurde nur wenige Monate nach ihm, am 12. September, umgebracht.

1978 war auch das Jahr, in dem Giovanni Falcone in den Justizpalast von Palermo einzog. Damals war er für die Cosa Nostra nur ein Richter wie jeder andere, ein »Bulle« von vielen, denn für Siziliens Ehrenmänner sind Polizisten, Carabinieri und Richter unterschiedslos Bullen.

Mit sechs Jahren konnte ich von alldem nichts wissen, und zu Hause wurde auch nicht darüber gesprochen. Gerade dort nicht. Aber die Corleonesi waren ganz in unserer Nähe.

Palermo mag damals weit gewesen sein, aber wenige Kilometer entfernt von unserem Dorf gab es noch ein anderes: San Giuseppe Jato, wo sich die Familie Brusca mit Luciano Liggio verbündet hatte. 1976 war es der berüchtigte Salvatore »Totò« Riina, der Kurze, der dem jungen Giovanni Brusca Pate stand. Man nannte Brusca auch *lo scannacristiani* und *'u verru*, den Halsdurchschneider und das Schwein – er war es, der später die Bombe zündete, die am 23. Mai 1992 Giovanni Falcone das Leben kostete. Er war einer der besten Freunde meines Bruders Vito.

Über die Mafia redete man in meinem Dorf nicht. Aber Partinico gehörte immer schon zum Territorium der Mafia. Als ich klein war, kannten alle Frank Coppola alias »Dreifinger-Frank«, der hier geboren wurde und dann sein Glück in Amerika machte. Er war jemand geworden und hatte gemeinsam mit Lucky Luciano und der gesamten Ehrengesellschaft New Yorks der amerikanischen Armee geholfen, 1943 in Sizilien zu landen, um Italien zu befreien.

In den Vereinen und Bars erzählten sich die Dorfältesten lieber eine andere Geschichte, oder besser, sie raunten sie einander zu: die Geschichte von Salvatore Giuliano.

Giuliano war der »König von Montelepre«, einer Stadt westlich von Palermo. In der Nachkriegszeit war er für die Menschen so etwas wie ein sizilianischer Robin Hood, der von den Reichen nahm, um den Armen zu geben, der für die Unabhängigkeit Siziliens kämpfte und schließlich am 5. Juli 1950 in Castelvetrano erschossen wurde – möglicherweise von seinem Stellvertreter und Vertrauten Gaspare Pisciotta, der wiederum im Gefängnis vergiftet wurde. Eine mysteriöse, hässliche Geschichte, die bis zum heutigen Tag nicht vollständig aufgeklärt werden konnte. Aber bei uns hieß es, dass es *'u zu Santu*, der heilige Onkel Santo Flores, war, der Bezirkschef der Mafia in Partinico, der Giuliano unter seine Fittiche nahm, als er noch ein kleiner Schmuggler war.

Später erkannte Santo Flores allerdings, dass Salvatore Giuliano auf Dauer eine Gefahr für die Mafia darstellen würde, denn er diente zu vielen Herren. Tatsache ist, dass Santo Flores noch vor Giuliano starb, niedergemäht von einer Maschinengewehrsalve am 17. Juli 1948 auf der Piazza Duomo von Partinico. Und man munkelte, es sei Giuliano gewesen.

Aber das waren schon in meiner Kindheit alte Geschichten. Das Dorf war nicht mehr dasselbe, es gab weniger Armut, dafür neue Häuser. Aber wie sehr hatte es sich wirklich verändert?

In Partinico gibt es bis heute nur ein Kino und kein einziges Nachtlokal. Wenn die jungen Leute etwas unternehmen wollen und keine Lust haben, immer nur auf der Piazza herumzuhängen, müssen sie woandershin gehen. Nur wenige erinnern sich, dass Danilo Dolci* ausgerechnet hier Ende der 1950er Jahre sein berühmtes *Centro studio per la pace* gründete, das sich zum Ziel gesetzt hatte, die Mafia und ihren Geist insbesondere in den Köpfen der Jugendlichen zu bekämpfen.

Wir wohnten in der Via Nullo, im Viertel Casa Santa, am Rande von Partinico. Dort brachte meine Mutter Maria ihre fünf Kinder zur Welt und zog sie groß: 1955 Leonardo, 1957 Michele, 1959 Vito und 1962 Antonina, die wir nur Nina nennen. Als ich am 25. Februar 1972 geboren wurde, war meine Mutter neununddreißig Jahre alt und mein Vater neunundvierzig. Als Kind kamen sie mir mehr wie meine Großeltern denn wie meine Eltern vor. Sie erschienen mir alt und müde. Meine Brüder hingegen waren jung und voller Energie, und ich bewunderte sie. Ich folgte ihnen überallhin, wollte immer bei ihnen sein. Ich kam sogar mit, wenn sie sich mit Mädchen trafen.

Sie brachten mir alles bei und gaben mir das Gefühl, beschützt zu sein. Egal was geschah, Nardo, Michele und Vito waren da, um auf mich aufzupassen; das taten sie wirklich, und zwar auf ihre Weise: Sie waren liebevoll und ungestüm, aber auch rabiat. Voller Zärtlichkeit waren sie am Abend, wenn sie müde von der Arbeit auf dem Feld nach Hause kamen, sich auf dem Sofa ausstreckten, den Kopf auf meinem Schoß, um fernzusehen. Oder wenn ich mich zu ihnen ins Bett legte, um bei ihnen einzuschlafen.

---

* Danilo Dolci (1924–1997): italienischer Sozialreformer und Schriftsteller (Anm. d. Übers.)

Hin und wieder passierten mir dabei kleine Missgeschicke, über die ich heute lachen kann; damals waren sie mir aber höchst peinlich. Einmal habe ich in Nardos Bett Pipi gemacht und mich damit zu rechtfertigen versucht, dass es Schweiß sei, wegen der großen Hitze... Nardo schmunzelte nur darüber.

Brutal wurden sie, wenn jemand mir wehtat, und sei es aus Versehen.

Eines Morgens – ich war wirklich noch klein, höchstens fünf, denn ich ging noch nicht zur Schule – erlaubte mir meine Mutter wie so oft, draußen vor dem Haus zu spielen, während sie drinnen ihrer Arbeit nachging. Bei mir war meine Nichte Maria, Nardos zweijährige leibliche Tochter. Ich sage »leibliche« Tochter, weil die Dorfbewohner sie und mich lange Zeit verwechselten. Sie dachten, ich sei Leonardos Tochter. Meine Mutter erzählte mir später, dass sich mein Bruder bei meiner Geburt aufgeführt habe, als sei er mein Vater. Ich war eben die Kleinste im Haus. Er schien sich für mich verantwortlich zu fühlen, war mir gegenüber immer aufmerksamer und besitzergreifender als gegenüber meiner Schwester Nina. Und ich war mir dessen bewusst. Nina war die Brave, sie schlug nach meiner Mutter: immer still und gefügig. Ich hingegen war ein sehr lebhaftes Kind, klein, aber aufgeweckt und frech, und ich machte keinen Hehl daraus, dass ich meine drei Brüder anhimmelte. Ich liebte sie wirklich und wollte sein wie sie. Sie waren meine eigentliche Familie, wenn auch auf eine, wie ich heute sagen würde, Unheil bringende Art. Aber damals erschien mir das als die natürlichste Sache der Welt.

An jenem Morgen jedenfalls spielte ich mit Maria auf der Straße. Ich hatte ein rotes Plastikpferdchen mit Rollen geschenkt bekommen, und wir fuhren damit die Straße rauf und runter, ohne uns zu weit von zu Hause weg zu bewegen. Ich habe noch die Stimme meiner Mutter im Ohr, wie sie von Zeit zu Zeit rief:

»*Unne sete?* Wo seid ihr?«

Und das dumpfe Geräusch der Plastikrollen auf dem Asphalt.

Plötzlich Gekreische, ein Schlag, Dunkel.

Einer meiner Cousins war mit dem Auto zurückgesetzt und hatte uns nicht gesehen. Wir waren auch wirklich klein, und er war über uns drübergefahren. Doch unser rotes Plastikpferdchen rettete uns, es hatte sich zwischen die Karosserie und den Asphalt geschoben.

Ich fühlte einen metallischen Geschmack im Mund und hörte das Geschrei der Leute, die sofort angerannt kamen, und dann vernahm ich das Gebrüll meines Bruders Nardo:

»Du elender Hund, um ein Haar hättest du die Kinder umgebracht. Kannst du nicht aufpassen mit deinem dämlichen Auto?!«

Er war außer sich und prügelte auf meinen Cousin ein, als wolle er ihn totschlagen.

Ein anderes Mal war es Vito, der mich unter einem Moped hervorzog, das mich erwischt hatte, als ich, ohne zu schauen, aus dem Haus gelaufen war. Der Aufprall hatte mich bewusstlos gemacht, und ich lag regungslos auf der Straße. Vito dachte, der Junge auf dem Mofa hätte mich getötet, und fing an, auf ihn einzuprügeln:

»Du Dreckskerl hast meine Schwester umgebracht!«

Auch diesmal war mir nichts passiert, und auch diesmal war im entscheidenden Moment einer meiner Brüder herbeigeeilt, um mich in Sicherheit zu bringen oder vielmehr zu retten, denn Helden bringen einen nicht bloß in Sicherheit, sie erretten ihre Prinzessin.

Nur Michele war anders. Er war der am wenigsten Gewalttätige, und wenn er mir half, dann oft mit einem ironischen Grinsen.

Ich ging schon zur Schule, und am Nachmittag schickte mich meine Mutter in die Hausaufgabenhilfe, die vom Bruder des Pfarrers betreut wurde. Ich aß dort zu Mittag und blieb bis um vier, aber es gefiel mir nicht. Die Zeit verging nur sehr schleppend, und ich langweilte mich zu Tode. Die anderen Mädchen dort mochte ich nicht, ich konnte nichts mit ihnen anfangen. Wenn sie nicht essen wollten, wurden sie gefüttert, man lief mit dem Löffel hinter ihnen her, verhätschelte sie. Bei mir zu Hause rannte mir niemand mit dem Löffel hinterher, wenn ich meine Suppe nicht essen wollte. Entweder aß ich von selbst, oder ich stand hungrig vom Tisch auf. Ein bisschen beneidete ich sie. Warum wurden sie so verwöhnt und ich nicht? Was hatten sie, was ich nicht hatte? Ich wollte nach Hause zu meiner Mama. Es kam mir seltsam vor, von ihr, meinem Zuhause getrennt zu sein, obwohl die Hausaufgabenhilfe nur wenige Meter von unserem Haus entfernt war. Meine Mutter schickte mich hin, damit ich mich nicht auf der Straße herumtrieb und weil sie eine Menge zu tun hatte.

Die Fenster der Toiletten befanden sich in Höhe von einem, vielleicht anderthalb Metern und gingen zur rückwärtigen Straße, der Via Principe Umberto, hinaus. Ich fand schnell heraus, dass ich mich an ihnen hochziehen und auf der anderen Seite der Mauer wieder herunterspringen konnte, um abzuhauen. Manchmal tat ich das auch, und der Einzige, der es bemerkte, war der Friseur, der seinen Salon direkt gegenüber von besagtem Fenster hatte. Ich schmiss erst meinen kleinen Rucksack raus, um meinen Aufprall zu dämpfen, dann sprang ich selbst. Glücklich und zufrieden rannte ich zurück zu meiner

Mama, die mir meine Ausreden glaubte oder zumindest so tat.

Eines Nachmittags, ich war wieder dabei, mich auf die bewährte Methode zu verdünnisieren, war der Friseur in der Via Principe Umberto gerade dabei, meinem Bruder Michele die Haare zu schneiden, und sagte:

»He, ist das da drüben nicht deine kleine Schwester? Schau mal, was sie da macht.«

Plötzlich stand Michele vor mir; er hatte noch das Handtuch des Friseurs um die Schultern und sah wütend aus:

»Was tust du da? Ab nach Hause, aber schnell, ich komme gleich nach.«

Doch man merkte, dass sein Ärger nicht echt war, und später habe ich erfahren, wie er sich nach diesem Vorfall beim Friseur mit meiner Tat brüstete.

Mein Lehrer hingegen, der Bruder des Pfarrers, war wirklich wütend. Er kam zu uns nach Hause und stand plötzlich wie eine Furie vor mir. Er packte mich an einem Ohr und wollte mich daran zurück zur Schule zerren, aber ich entglitt ihm wie ein Aal und verschwand unter dem Tisch, und während dieser Posse tauchte Michele auf. Auch er war wütend, allerdings auf den Lehrer:

»Lass meine Schwester in Ruhe! Wage es nicht, sie noch einmal anzufassen!«

Dann schmiss er ihn aus dem Haus, in das mein Lehrer nie wieder einen Fuß setzen sollte.

Meine eigentliche Schule war eine andere. Mein Vater arbeitete auf dem Feld in Baronia. Er hielt Kühe, Schafe und Hühner, baute Wein und Gemüse an und stellte Olivenöl und Käse her. Weil die Leute ihm vertrauten, wachte er oft über die Felder der anderen. Er war ein ruhiger Mann und hatte mit der Cosa Nostra nichts am Hut. Er wusste natürlich von ihr, aber er fürchtete sie, wie alle anständigen Väter, die in Sizilien Söhne großziehen. Und auch er wollte, dass seine Söhne sich von ihr fernhielten, denn die Mafia ist eine tödliche Falle, in der man früher oder später festsitzt. Also ließ er Nardo, Michele und Vito auf dem Land groß werden, in der Hoffnung, dass die harte, aber gesunde Arbeit auf dem Feld sie von schlechten Einflüssen fernhalten würde.

Meine Brüder waren stark und robust. Man sah ihnen an, dass sie viel an der frischen Luft waren und darüber hinaus ihre Kräfte auch gerne zur Schau stellten. Sie nahmen an Wettkämpfen bei den Festen im Dorf und der Umgebung teil: Tauziehen, Gewichtheben ... Einmal stemmte Nardo zwei Säcke mit feuchtem Sand, die zusammen mehr als hundert Kilo wogen. Ich war stolz auf sie. Und da ich ihnen auf Schritt und Tritt folgte, nahmen sie mich mit, wenn sie zum Arbeiten aufs Feld gingen, und brachten mir all das bei, was sie konnten. Es spielte keine Rolle, dass ich ein Mädchen war. Sie behandelten mich so, als wäre ich ein Junge. Ich half beim Ausmisten der Ställe, beim Betanken der Pumpe, mit der die Felder bewässert wurden, beim Säubern des Viehs, und ich war glücklich, wenn ich mich nützlich machen konnte, oder besser noch, wenn ich ihnen unentbehrlich war. Ich existierte nur durch meine Brüder. Ich brauchte ihre Aufmerksamkeit, ihre Gesellschaft. Ich wollte in ihren Augen lesen, dass ich ihnen etwas bedeutete. Ich war die Jüngste im Haus und darüber hinaus noch *fimmina,* ein Mädchen. Vielleicht wollte ich ihnen deshalb unbedingt beweisen, dass auch ich etwas taugte. Und meine Brüder spielten mit: Sie amüsierten sich mit mir. Vito fuhr uns in einem alten Renault 4 aufs Feld, und während der ganzen Fahrt sangen wir aus vollem Hals. Er wurde dann oft übermütig, fuhr mit quietschenden Reifen an oder mit Vollgas auf nur zwei Rädern. Mehr als einmal riskierten wir dabei unser Leben.

Aber das Leben mit ihnen hatte auch seine Schattenseiten. Es brauchte nicht viel, und meine Brüder wurden gewalttätig, das Blut stieg ihnen zu Kopfe, und sie verbreiteten Angst und Schrecken. Nardo war ein trainierter Boxer und wurde schnell handgreiflich. Er war sehr selbstsicher, fühlte sich zum Anführer geboren und war derjenige, der unter meinen Brüdern den Ton angab. Einmal schlug er im Dorf einem Unglücksraben, der ihn aus Versehen angerempelt hatte, mit der Faust ins Gesicht.

Aber auch mit Vito war nicht zu spaßen. Eines Tages – er war gerade dabei, die Futtertröge in den Ställen zu säubern – fing er sich von einer Kuh einen Hörnerstoß in die Seite ein, der ihn gegen die Wand fliegen ließ. Sie schleuderte ihn mehrere Meter weit, so dass er ein paar Minuten benommen liegen blieb. Als er wieder zu sich kam, sah ich, wie sich sein Gesicht verfinsterte. Aus ihm sprach nicht nur der körperliche Schmerz, sondern auch blinde, unkontrollierte Wut. Er nahm einen Spaten und schlug das Tier damit auf den Kopf, aber er hatte noch nicht genug. Er hieb der Kuh mit solcher Wucht mit der bloßen Faust zwischen die Hörner, dass sie auf der Stelle tot zur Erde fiel. Noch lange danach gab er mit dieser Geschichte an. Ob Tier oder Mensch, niemand rührt ungestraft einen Vitale an! Ich hatte aber auch oft Gelegenheit zu beobachten, wie Vito mittels prompter Gewalt Situationen rettete. Vielleicht ist das auf dem Land nichts Besonderes, aber ich war noch klein, und eine Begebenheit hat sich mir tief ins Gedächtnis gebrannt: Eine Kuh musste kalben, doch ihr Nachwuchs wollte nicht kommen. Mein Bruder versuchte der Kuh die Kontraktionen zu erleichtern, indem er mit seinem Körpergewicht gegen ihren Bauch drückte. Als das nicht half, nahm er den Kopf des Kälbchens und zog – vergeblich. Kuh und Kalb drohten zu verenden. Also nahm er ein Messer und schlitzte der Kuh den Bauch auf; er machte einen Kaiserschnitt und rettete Mutter und Kind das Leben. Danach nähte er die Wunde mit Nadel und Faden wieder zu.

Weil wir Kühe hatten, nannten sie uns im Dorf »die Kuhhirten«, bevor wir später als »Fardazza-Clan« von uns reden machten. Doch die große Leidenschaft meines Vaters waren seine Pferde. Er war im Ort und der ganzen Umgebung so etwas wie eine Autorität auf diesem Gebiet. Wer ein Pferd kaufen oder verkaufen wollte, wandte sich an meinen Vater. Er hatte fünfzehn Pferde, die er hegte und pflegte wie seine Kinder. Er ließ sich sogar von seinem Arzt Eisen- und Vitaminpräparate verschreiben, die er dann den Tieren verabreichte. Auf der Pferderennbahn Capanelle in Rom hatte er zwei Vollblüter erstanden, die sein ganzer Stolz waren und auch meinen Brüdern viel Freude bereiteten.

Für die Menschen auf dem Festland ist es schwer nachvollziehbar, welche Bedeutung Pferde für die Sizilianer haben – oder zumindest hatten, als ich ein Kind war. Sizilien ist ein raues Land mit gewaltigen Bergen und riesigen hügeligen Hochebenen, auf denen es häufig keine Straßen gibt, sondern nur Trampelpfade, auf denen man sich einstmals ausschließlich zu Pferd oder auf dem Maulesel fortbewegen konnte. Als meine Eltern jung waren, hatten die wenigsten ein Auto – der Dorfarzt hatte eins, der Bürgermeister, der Notar und der Apotheker –, und ein Pferd zu besitzen war etwas sehr Respektables. Es bedeutete, nicht so arm zu sein wie die meisten Bauern. Zu Pferd unterwegs waren auch die Gabelloti, die Wächter der Großgrundbesitzer, die, das Gewehr über der Schulter, die Ländereien ihrer Herren in Palermo beaufsichtigten. Häufig waren sie gleichzeitig auch die Mafiosi des Ortes.

Mein Vater ist nie ein Ehrenmann gewesen, aber seine Pferdeliebe rührte meines Erachtens doch auch daher, dass er zeigen wollte, dass er nicht nur ein Bauer wie jeder andere war, sondern dass ihm Respekt gebührte, selbst wenn er sonst keine Anstrengungen unternahm, sich Geltung zu verschaffen. Er war ein sanfter, gutmütiger Mann, der mit den Jahren immer stiller wurde, je mehr meine Brüder sich durchsetzten, die ihn am Ende sogar bedrohten. Doch die Begeisterung für Pferde teilten sie mit ihm. Sie ritten die Pferde meines Vaters, wenn das Dorf Rennen veranstaltete, und ich war immer ihr glühendster Fan und wurde gegebenenfalls handgreiflich, wenn es darum ging, sie zu verteidigen.

Meist war Vito unser Jockey, aber Papa holte auch professionelle Jockeys, die dann seine Vollblüter ritten und viele Preise einheimsten. Bei einem Rennen in Alcamo gewann einmal Orfanella, eine Stute, die mir besonders ans Herz gewachsen war. Mein Vater hatte sie von klein auf großgezogen, und vielleicht war das der Grund, warum ich mich ein bisschen mit ihr identifizierte. Ihre Mutter war bei der Geburt gestorben, und mein Vater hatte sie liebevoll hochgepäppelt, ihr die Flasche gegeben und sie sogar mit nach Hause genommen. Er hatte ihr einen eigenen Stall gebaut, und die beiden verband eine besondere Beziehung. Orfanella folgte meinem Vater überallhin, ließ sich ohne Zügel führen; er behandelte sie wirklich, als wäre sie sein eigenes Kind. Sie war das Maskottchen unserer Familie geworden. Als sie das Rennen in Alcamo gewann, stieg ich auf das Podest und ließ mich anstelle des Jockeys mit ihr fotografieren. Ich strahlte. Noch heute ist dieses Foto in meinem Besitz und zählt zu den schönsten Erinnerungen meines Lebens. Die Trophäe habe ich nicht mehr. Sie war prächtig: eine Skulptur, die ein Rennpferd darstellte, daneben sein Reiter. Sie stand auf einem Holzsockel und war umrahmt von vier bemalten Säulen, über deren Gewölbe ein glänzender Pokal mit Deckel thronte. Für uns alle war sie der wertvollste Gegenstand im Haus, und wir stellten sie auf einem Möbel im Wohnzimmer aus. Diese Trophäe sollte seltsamerweise nicht nur für die Familie Vitale, sondern indirekt auch für ganz Italien eine wichtige Rolle spielen...

Vito hat mir viel über Pferde beigebracht. Er zeigte mir zum Beispiel, wie man einen operativen Eingriff am Hals des Pferdes vornimmt, wenn es nach einem Rennen so aufgeregt ist, dass es einen Infarkt riskiert. Mit einer Klinge durchtrennt man eine Vene, so dass das Blut sofort in Strömen fließt; der Blutdruck sinkt augenblicklich, und das Tier beruhigt sich. Doch ich verbinde noch ein anderes Ereignis mit Pferden, über das ich während meiner Zeit im Gefängnis viel nachgedacht habe, weil es für mich zu einem Sinnbild meines Lebens geworden ist.

Eines Morgens kam Vito nach Hause geritten. Er war müde, gereizt und hatte es ganz offensichtlich eilig. Schon auf der Türschwelle rief er meinen Namen und wies mich ohne Umschweife an:

»Halt das Pferd für mich fest, ich gehe nur schnell was trinken. Lass es bloß nicht los.«

Das war ein Befehl. Er verschwendete keinen Gedanken daran, dass das Pferd schwer und riesig und ich erst fünf Jahre alt war und vielleicht nicht die Kraft haben würde, es im Zaum zu halten. Wenn er es nicht tat, so merkte zumindest das Pferd, dass wer es da am Zaumzeug hielt keine ruhige Hand hatte. Sobald Vito im Haus verschwunden war, begann das Pferd zu scheuen. Es hob ruckartig den Kopf, um sich loszumachen, aber ich hielt die Zügel fest. Also galoppierte es davon – mit mir im

Schlepptau. Es riss mich regelrecht von den Stufen vor dem Haus und zog mich mit sich auf die Straße; aber ich ließ nicht los. Bockig klammerte ich mich an die Zügel und riskierte mein Leben; ich muss wie ein Spielzeugdrachen ausgesehen haben, der vom Wind davongetragen wird. Aber Vito hatte mich angewiesen, das Pferd nicht loszulassen, also ließ ich es nicht los.

Durch das Klappern der Hufe auf dem Asphalt und das Geschrei der Leute war meinem Bruder sofort klar, was passiert war, und er versuchte uns einzuholen. Er schrie, ich solle die Zügel loslassen, aber ich blieb stur. Es war wohl wegen des Schocks und der Angst, jedenfalls erinnere ich mich noch genau, dass ich die ganze Zeit über den Atem anhielt; ich wollte vor allem Vito nicht enttäuschen, wollte mich seinen Ansprüchen gewachsen zeigen. Schließlich kam mir ein Mann zu Hilfe, der begriffen hatte, wie gefährlich die Situation für mich war. Mutig stellte er sich mit ausgebreiteten Armen dem Pferd entgegen, das tatsächlich langsamer wurde und sich schließlich einfangen ließ. Dann kam auch Vito angelaufen und nahm mich in den Arm, während mein Herz zum Zerspringen klopfte.

Wie gesagt, dachte ich Jahre später oft an diesen Vorfall zurück. Dieser wie vom Wind mitgerissene Drachen war tatsächlich ich. Klein und unbeirrbar, war ich bereit, mich aus Liebe zu meinem Bruder von diesem scheuenden Pferd, das so viel größer und stärker war als ich, umbringen zu lassen. Dabei hätte es genügt, den Griff zu lockern und die Zügel loszulassen, bevor ich fiel, mich verletzte, mich mitreißen ließ und große Schmerzen auf mich nahm. Aber damals tat ich es nicht. Ich ließ das große scheuende Pferd erst viele Jahre später los.

Frauensache

Mein Vater und meine Brüder waren nie zu Hause. Dort war meine Mutter. Sie brachte die Familie mit dem Geld durch, das mein Vater ihr gab und mit dem sie auskommen musste. Sie war ein bisschen mollig, aber flink, und wenn es sein musste, konnte sie auch rennen. Sie war von klein auf daran gewöhnt, ein aufopferungsvolles Leben zu führen, denn sie stammte aus einer vielköpfigen Familie und hatte harte Zeiten durchgemacht. Als junges Mädchen hatte sie zwei kleine Schwestern an die Pest verloren, wie sie uns häufig erzählte.

Um die Kinder kümmerte sie sich, nicht mein Vater, weil Kindererziehung in Sizilien *cosi di fimmini*, Frauensache, ist. Ich habe meine Eltern nie miteinander reden, geschweige denn Probleme besprechen hören. Vielleicht taten sie das nachts im Bett, wenn sie für sich waren und Ruhe eingekehrt war. Denn Probleme hatten sie mehr als genug. Meine Brüder machten ihnen schon früh das Leben schwer. Um sie für die Arbeit auf dem Feld zu motivieren, kaufte mein Vater ihnen Lastwagen, auf denen sie Most, Wein, Gemüse und Vieh transportieren konnten. Für Michele kaufte er sogar eine Geflügelhandlung. Aber das alles reichte ihnen nicht, sie wollten mehr, viel mehr, und sie waren zu dritt. Sie waren sich einig, stark und hielten zusammen. Wer hätte ihnen Paroli bieten sollen? Meine Mutter? Mein Vater?

Seit ich mich erinnern kann, verbinde ich mit meinen Brüdern Gedanken an Gefängnis, Polizeidienststellen, Carabinieri ... Ständig lebten wir mit der Angst, und meine Mutter war ganz allein mit allem. Sie war es, die sich um Nardo, Michele und Vito kümmerte, wenn sie im Knast saßen, sie war es, die zu den Anwälten lief, um all die verwickelten Rechtsstreitigkeiten zu klären. Und sie beklagte sich nie.

Am Anfang waren die Vergehen noch harmloserer Natur, etwa wenn sie Auto fuhren, obwohl sie keinen Führerschein hatten, oder Wein panschten. Wie alles wirklich begann, weiß ich nicht genau. Ich war zu der Zeit noch nicht geboren. Meine Schwester Nina hat mir immer wieder gesagt, dass alles anfing, als mein Vater Ende der 1960er Jahre unschuldig ins Gefängnis musste. Er war der Beihilfe zu einer *fuitina* angeklagt worden, einer der in Sizilien häufig vorkommenden Entführungen von Frauen, die zum Ziel hatten, die Frau auf diese Weise zu kompromittieren, um sie dann heiraten zu können. Manchmal war dies die einzige Möglichkeit für zwei junge Menschen, sich zu lieben und eine Familie zu gründen, wenn ihre Familien gegen die Verbindung waren. Die Strategie war die, alle vor vollendete Tatsachen zu stellen. Wenn Nina mir in der Küche mit gedämpfter Stimme solche Geschichten erzählte, kamen sie mir weit weg und unwirklich vor; später allerdings sollte ich noch daraus lernen.

Im Falle meines Vaters wurden die Dinge dadurch erschwert, dass es sein Bruder war, der eine Frau entführt hatte, und man annahm, er habe ihm dabei geholfen. Aber er hatte damit nichts zu tun, wollte jedoch meinen Onkel nicht beschuldigen oder vor Gericht familiäre Angelegenheiten ausplaudern. Wenn er an der Sache überhaupt beteiligt war, dann insofern, als er versucht hat, seinen Bruder von dem Unternehmen abzubringen. Ich konnte mir nicht vorstellen, dass mein Vater bei einer *fuitina* mitgemacht hätte. Es dauerte vier Jahre, bis die betreffende junge Frau sich entschloss auszusagen, wie es wirklich gewesen war, und meinen Vater entlastete, der die ganze Zeit über im Gefängnis gesessen hatte.

Das Schicksal wollte es, dass während seiner Inhaftierung auch meine Mutter einem Justizirrtum zum Opfer fiel und ins Gefängnis kam. Zwar hielt man sie nur drei Monate fest, aber kurz nach ihrer Freilassung erkrankte sie an Hepatitis und musste sechs Monate lang das Bett hüten. Die arme Nina, die zu der Zeit gerade mal sieben Jahre alt war, musste sich alleine um den kompletten Haushalt kümmern. Sie verließ die Schule im zweiten Grundschuljahr und kehrte danach nicht mehr dorthin zurück. Die Großeltern, die liebe und sanfte Leute waren, halfen ein bisschen, aber was konnten sie gegen Nardo, Michele und Vito ausrichten? Meine Brüder waren außer sich vor Wut über das, was meinem Vater passiert war. Ihr Groll richtete sich gegen die ganze Welt, gegen den italienischen Staat, die Polizei, das ärmliche Leben... Und ausgerechnet als Jugendliche fehlte ihnen die Lenkung durch meinen Vater. Als er aus dem Gefängnis kam, waren sie ausgewachsene Männer und hatte gelernt, sich alleine zurechtzufinden. Nardo war neunzehn und hörte ihm nicht einmal mehr zu – wenn er es denn je getan hatte. Alle drei rebellierten gegen ihn, bekämpften ihn und griffen ihn irgendwann sogar tätlich an. Durch ihre kriminellen Aktivitäten waren sie auch schon mit der Cosa Nostra in Kontakt gekommen: Sie hatten Antonino Geraci, genannt Nenè, kennengelernt, der in den frühen 1970er Jahren der Gebietschef Partinicos und bei den Corleonesi ganz vorne mit dabei war. Das Leben der Mafiosi übte eine unvergleichlich größere Faszination auf sie aus als die schweißtreibende, anstrengende Feldarbeit. So wurde der Fardazza-Clan geboren, der alle Anstrengungen unternahm, in die Führungsriege der berühmtesten kriminellen Vereinigung der Welt aufzusteigen. Und mittendrin meine Mutter, die für Nardo, Michele und Vito zu allem bereit war. Das hatte sie gemeinsam mit vielen anderen sizilianischen Müttern, die im Dienste ihrer zu Kriminellen oder Mördern gewordenen Söhne lernen, schon von Weitem die Polizei zu riechen, sich Details des Strafgesetzes aneignen und sich im Übrigen Gott anvertrauen, weil sie nicht mehr an die Menschen glauben.

Und meine Mutter witterte die Angst, die Polizei, redete mit den Anwälten, nahm an den Gerichtsverhandlungen teil, brachte meinen Brüdern das ins Gefängnis, was sie benötigten. Sie tat es, ohne zu protestieren, ohne sich zu beklagen und vor allem ohne irgendjemanden um irgendetwas zu bitten. Doch im Stillen litt sie, das entging mir nicht. Sie versank in Schmerz, und ich fühlte mich schuldig, weil es mir nicht gelang, den leidenden Ausdruck aus ihrem Gesicht zu vertreiben. Ich wusste, dass es ihr wegen meiner Brüder schlecht ging, aber ich kam nicht im Entferntesten auf die Idee, sie könnten die Schuldigen sein. Es gab da irgendetwas draußen, außerhalb unserer Familie, das es auf uns abgesehen hatte, und wir mussten alle zusammenhalten, damit es uns nichts anhaben konnte. Auch ich, die kaum mehr als ein kleines Mädchen war, verspürte den Drang, etwas für Nardo, Michele und Vito zu tun, vor allem aber für meine Mutter, und deshalb wurde ich ihr Schatten. Ich folgte ihr überallhin. Schon mit sechs suchte ich mit ihr Polizeireviere, Anwaltsbüros und das Gefängnis auf, in dem Nardo saß. Die Schule und die Konflikte meiner Brüder mit dem Gesetz – das war mein Lebensinhalt während meiner gesamten Kindheit und Jugend. Und dann war da noch Nina. Wenn ich heute an unsere Familie zurückdenke, fällt mir immer zuerst Nina ein. Denn wenn irgendjemand ein Opfer meiner Brüder war, ein wirkliches Opfer, dann sie.

Ruhig, fügsam und nachgiebig, wie sie war, war sie uns allen immer eine Stütze, aber das war mir lange Zeit nicht bewusst. Sie war das Vorbild: »Nimm dir ein Beispiel an deiner Schwester!«, wurde ich ermahnt, wenn ich mal wieder etwas angestellt hatte oder mich wie ein Junge benahm, weil ich um jeden Preis meinen Brüdern nacheifern musste. Je krimineller meine Brüder wurden, desto fordernder, gereizter und gemeiner wurden sie. Es gab auch noch andere Leute im Ort wie wir; wir waren nicht die Einzigen, die vor der Polizei und den Carabinieri auf der Hut waren und deren Familienangehörige im Gefängnis saßen. Aber wenn den anderen etwas Erfreuliches passierte, feierten sie, amüsierten sich, taten sie so, als führten sie ein normales Leben. Wir nicht. Die Atmosphäre bei uns zu Hause war immer angespannt, angsterfüllt; wir lachten fast nie. Vor allem wir Frauen hockten da und warteten auf die Heimkehr unserer Männer, ungewiss, in welcher Stimmung sie nach Hause kommen würden. Wenn bei ihrer Rückkehr irgendetwas nicht in Ordnung war oder nicht alles so gemacht worden war, wie sie es angeordnet hatten, war der Ärger vorprogrammiert. Nina, die Ältere und Gutmütigere von uns beiden, war ihr bevorzugtes Ventil. Sie schlugen sie aus den nichtigsten Anlässen. Einmal prügelte Michele sie, nur weil sie ein bisschen Lidschatten aufgelegt hatte. Wenn meine Mutter es wagte, zu ihrer Verteidigung einzuschreiten, wurde auch sie aufs Unfreundlichste zum Schweigen gebracht. Wie gegen meinen Vater wurden sie manchmal auch gegen sie handgreiflich. Nina hatte eine solche Angst vor unseren Brüdern, dass ich sie mehr als einmal leise in einer Ecke der Küche habe weinen sehen. Aber sowohl für sie wie auch für mich war das völlig normal. Wir fanden, dass unsere Brüder jedes Recht hatten, nach einem Tag auf dem Feld, wo sie sich abrackerten, müde und gereizt zu sein. Uns schlecht zu behandeln reichte Nardo, Michele und Vito jedoch nicht. Sie wollten die totale Kontrolle über unser Leben.

Jedes Jahr in der ersten Augustwoche feiert Partinico ein Dorffest, und damals wurden zu diesem Anlass auch Pferderennen veranstaltet. In einem Sommer hatten wir Vitales besonders viel zu tun, nicht nur, weil unsere Pferde wieder antreten sollten, sondern auch wegen der Vorbereitungen zu Vitos Hochzeit. Es war das Jahr 1981, ich war neun und Nina neunzehn. Sie hatte nie etwas über einen Freund verlauten lassen, aber seit einiger Zeit hatte sie Sympathien für einen anständigen jungen Mann, der sogar mit uns verwandt war; er war der Sohn einer unserer Cousinen. Sein Name war Piero, und da er in einer Bäckerei arbeitete, schaute er, wenn er Ware auszuliefern hatte, gerne bei uns zu Hause vorbei und redete ein paar Takte mit meiner Schwester, die, abgeschottet, wie sie war, kaum Gelegenheit hatte, mit Gleichaltrigen in Kontakt zu kommen. Sie und Piero hatten sich Briefe geschrieben und heimlich telefoniert; sie verlobten sich sogar am Telefon, ohne sich vorher je wirklich getroffen zu haben. Nur meine Mutter wusste davon, und sie hütete sich, meinen Brüdern davon zu erzählen.

Vito muss jedoch irgendwie Wind davon bekommen haben, oder jemand hatte es ihm gesteckt – das Dorf lebte schließlich von Klatsch. Am Tag des Dorffestes war er gerade dabei, die Strecke für das Pferderennen abzusperren, als er Piero vorbeikommen sah. Bevor der Ahnungslose verstehen konnte, wie ihm geschah, stürzte sich mein Bruder auf ihn. Er brüllte und traktierte ihn mit Faustschlägen, Fußtritten und Kopfstößen. Piero machte noch nicht einmal den Versuch, sich zu verteidigen, und blieb schließlich in einer Blutlache auf dem Asphalt liegen. Dann wurde er ohnmächtig. Er hatte keine Schuhe mehr an den Füßen. Aber Vito war immer noch nicht zufrieden. Er holte Leonardo, und gemeinsam gingen sie zu Vitos neuem Haus, in das er nach der Hochzeit ziehen würde. Dort machte Nina gerade alles sauber und arrangierte die Aussteuer, wie man das in Sizilien so macht. Sie warteten in aller Ruhe, bis sie das Haus in Ordnung gebracht hatte, und dann verprügelten sie sie. Beim Versuch, sich vor ihren Schlägen zu schützen, brach sie sich einen Finger. Noch immer nicht zufrieden, gingen sie zu uns nach Hause und nahmen sich unsere Mutter vor. Sie hatte sich schuldig gemacht, Nina und Piero zu decken und nichts von ihrer Beziehung verlauten zu lassen. Sie schlugen auch sie und brachen ihr dabei die Nase. Dann zwangen sie Nina, verheult und gedemütigt, wie sie war, sich stumm neben die ausgestellten Geschenke für Vitos Hochzeit zu postieren. Die Leute, die zu Besuch kamen, sollten ruhig sehen, was ihr zugestoßen war. Sie taten das ganz bewusst, zur Abschreckung.

Auch ich wurde oft von meinen Brüdern verprügelt. Anlässe gab es genug: Ich war aus dem Haus gegangen, ohne sie um Erlaubnis zu fragen; ich hatte mich ans Fenster gestellt, um zu sehen, wer vorbeikam. Einmal versetzte Nardo mir einen so heftigen Fußtritt, dass ich drei Tage lang nicht mehr laufen konnte. Am häufigsten schlug mich Vito, weil ich ihm Widerworte gab. Schließlich war ich nicht so gefügig wie Nina, und ich wusste von frühester Kindheit an, dass nicht Vito der Chef war, sondern Leonardo. Eines Abends setzten Vito und ich uns noch wütend aufeinander an den Tisch. Wir hatten uns gestritten, und er hatte mich auch schon verprügelt, aber wir hörten nicht auf, uns zu zanken, und ich wollte nicht klein beigeben. Ich war um keine Antwort verlegen und verweigerte aus Protest das Essen.

»Iss!«, schrie er mich an.

»Ich habe keinen Hunger!«

»Iss!!!«

»Ich habe keinen Hunger!«

Vito dachte nicht lange nach. Er nahm meinen Kopf, tunkte ihn in den Teller mit der heißen Suppe und hielt ihn so lange fest, bis ich zu ersticken drohte. Dann ließ er mich los und befahl mir erneut:

»Iss!«

Und ich aß.

Das war das Schicksal von uns Frauen. Wir mussten es akzeptieren, und am Ende gefiel es uns sogar, auch wenn die Schläge nicht so leicht zu verkraften waren. Ich bin noch heute auf einem Ohr taub, weil Vito mir einmal eine solche Ohrfeige gab, dass mein Trommelfell riss. Nina beklagte sich noch nicht einmal über die Prügel. Sie weinte still und leise, entweder allein oder mit mir; ich versuchte sie dann immer zu trösten.

Was Nina mir bedeutete, habe ich erst begriffen, als sie 1986 heiratete und von zu Hause auszog. Da war sie vierundzwanzig und hatte, nachdem die Sache mit Piero passiert war, sehr lange gebraucht, bis sie sich überhaupt wieder traute, einen Jungen von Weitem anzusehen. Es war eine Freundin meiner Mutter, die ihr irgendwann mitteilte, ihr Sohn sei an Nina interessiert. Das war uns auch schon aufgefallen, weil er andauernd mit seinem Alfa Romeo an unserem Haus vorbeifuhr. Er hatte rötliche Haare und einen Kinnbart, und wir hatten ihn für einen Carabiniere in Zivil gehalten, der unser Haus observierte, weil Leonardo zu jener Zeit untergetaucht war. Er war aber kein Polizist, sondern Maurer, war genauso alt wie meine Schwester, aber vor allem war er »in Ordnung«, das heißt, er kam aus einer »autorisierten« Familie. Mit anderen Worten: Freunde von Vitos Freunden. Diesmal hatten meine Brüder nichts gegen den jungen Mann einzuwenden. Ich schon eher; nicht wegen seiner Person, sondern weil ich eifersüchtig auf Nina war und die Vorstellung, dass sie ausziehen würde, mir Angst einjagte. Einmal machte ich meiner Mutter sogar Vorwürfe, weil sie Nina und ihren Verlobten alleine auf dem Sofa im Wohnzimmer gelassen hatte und in die Küche gegangen war. Jedenfalls dauerte die Verlobungszeit nicht lange, und nach nur neun Monaten waren die beiden verheiratet – den Segen der Vitales hatten sie. Zum Glück zog Nina ganz in unsere Nähe und kam häufig zu Besuch, um uns im Haushalt zu helfen, obwohl sie sehr schnell, im Abstand von nur einem Jahr, zwei Kinder bekam.

Wie sehr ich an Nina hing, wurde mir kurz vor der Geburt meines ersten Sohnes Francesco bewusst. Während der gesamten Schwangerschaft war ich weiter geritten, Motorrad gefahren ... Ich war zwanzig und wollte das Leben genießen, ohne einen Gedanken daran zu verschwenden, welche Folgen das haben könnte. Nur wenn ich zum Gynäkologen musste, war ich peinlich berührt. Bevor ich schwanger wurde, hatte ich nie einen Gynäkologen aufgesucht, und ich schämte mich zu Tode. Hier war es Nina, die mir Mut machte und mir erklärte, was ich wissen musste. Ich hatte unzählige Fragen, aber ich genierte mich, sie meiner Mutter zu stellen, also wandte ich mich an meine Schwester oder an Signora Pina, eine Nachbarin, der ich vertraute. Ich fragte sie, was genau passieren würde, woran ich merken würde, dass das Baby kommt, und was ich dann tun müsse. Aber auch Signora Pina war nicht gerade gesprächig. Sie sagte nur:

»Mach dir keine Sorgen, Giuseppì. Wenn es so weit ist, wirst du es schon merken. Du wirst es einfach merken! Lass die Natur einfach mal machen, und denk nicht weiter drüber nach...«

Es war an einem Abend im August gegen neun Uhr, und es war immer noch sehr heiß. Als die ersten Wehen einsetzten, brachten sie mich ins Krankenhaus, aber dort wollte ich nicht bleiben. Nach Meinung der Ärzte dauerte es nicht mehr lange, aber ich wollte partout nicht bleiben. Die Atmosphäre war unangenehm, die Leute um mich herum gefielen mir nicht, also ließ ich mich nach Hause zu meiner Mutter bringen. Aber auch dort fühlte ich mich nicht wohl. Die Schmerzen kamen in Wellen, und zwischen den Wehen wanderte ich wie ein Tiger im Käfig durchs Haus. Das ging ein paar Stunden lang so. Dann hielt ich es nicht mehr aus und fuhr ins Krankenhaus zurück, wo ich die Ärzte bat, mich zu anästhesieren oder was auch immer, damit diese grauenhaften Schmerzen aufhörten. Und dann, während die Ärzte mich auf alle erdenkliche Weise zu beruhigen versuchten, verlangte ich nach Nina, nicht nach meiner Mutter. Meine Mutter nahm mir das sehr übel, für sie war es ein Verrat. Später habe ich versucht, mich vor ihr zu rechtfertigen, indem ich ihr sagte, ich hätte aus Respekt vor ihrem Alter nicht nach ihr gerufen und weil ich ihr keine Mühe oder Sorgen machen wollte. Was auch der Wahrheit entsprach, aber es war Nina, die ich als meine Mutter ansah. Sie war zwar nur zehn Jahre älter als ich, aber sie hat mich großgezogen, und als ich 1998 in Konflikt mit dem Gesetz geriet, war sie es auch, die meine Kinder zu sich nahm.

Meine Mutter war meine Mutter; ich liebte sie, und sie liebte mich. Aber sie hatte nie Zeit, sie hetzte sich ab, hatte viele Sorgen und so viel zu tun, dass es mir vorkam, als sei sie nur die Mutter meiner Brüder. Ich flatterte immer um sie herum wie ein Nachtfalter, hing an ihrem Rockzipfel, aber sie war in Gedanken woanders.

Einmal, ich war wohl fünf Jahre alt, ließ sie mich allein zu Hause. Sie musste wegen Michele zum Anwalt und wollte mich nicht dabeihaben. Nina an meiner Stelle wäre lieb und brav zu Hause geblieben. Ich nicht. Heimlich schlüpfte ich aus dem Haus und machte mich schnurstracks auf den Weg zur Kanzlei des Anwalts. Sie befand sich im Lavatoio-Viertel, wo ich mich sehr gut auskannte, denn es war in der Nähe von Casa Santa, wo wir wohnten. Aber meine Mutter war nicht beim Anwalt, also streifte ich allein durch Partinico. Erst ging ich zur Polizeidienststelle, weil ich dachte, dass sie vielleicht dort sei, dann zum Gefängnis. Ich hatte keine Angst, mich zu verlaufen; ich hatte Angst, sie nicht wiederzufinden. Nachdem ich stundenlang herumgelaufen war, kam ich schließlich müde und verschwitzt zum Haus meiner Tante, das im Pino-Viertel, am anderen Ende des Dorfes, gelegen war.

Alle waren da: die Verwandten und meine in Tränen aufgelöste Mutter, die mich schluchzend in den Arm nahm und mich mit Fragen überschüttete; warum ich weggelaufen und wo ich gewesen sei, mit wem und wem ich begegnet sei, ob ich auch wirklich die Wahrheit sagte, ob mir wirklich niemand etwas Böses getan habe, ich könne es ihr ruhig sagen. Ich war mir keiner Schuld bewusst und war nicht im Entferntesten auf die Idee gekommen, warum ein fünfjähriges Mädchen nicht allein durch das ganze Dorf laufen können sollte. Außerdem war mir der Gedanke fremd, *ich* könne in Gefahr sein. Die Gefährdeten, die, um die immer alle Angst hatten, waren schließlich meine Brüder.

Tatsächlich lebten wir in der ständigen Sorge, ihnen könnte etwas zugestoßen sein, sie könnten verletzt, getötet oder verhaftet worden sein, sie könnten nicht nach Hause kommen. Überall sahen wir nur Gefahr. Ich habe sehr früh gelernt, ständig auf der Hut zu sein, einen Bullen schon von Weitem »zu riechen«, allen zu misstrauen. Ohne dass man es mir gesagt hätte, wusste ich, wann ich den Mund halten musste und wann ich reden durfte, wie ich mich zu benehmen hatte und wie noch die kleinsten Vorfälle zu bewerten waren.

Und dann war da ständig dieses blöde Gefühl, unter Beobachtung zu stehen. Ich hatte den Eindruck, alle drehten sich nach mir um, nur weil ich eine Vitale war. Es kam mir so vor, als tuschelten die Leute, sobald einer von uns vorbeiging. Ich fühlte mich verfolgt, ausspioniert, sobald ich aus dem Haus auf die Straße trat, einkaufen oder in die Kirche ging.

Das alles gab mir das Gefühl, anders als die anderen Kinder zu sein. Eines Morgens saß ich wie immer in der Schule. Ich ging in die zweite Klasse der Grundschule, die am Ende unserer Straße lag, an der Ecke der Via Nullo und der Via Principe Umberto, ganz in der Nähe der Piazza des Viertels Casa Santa. Dort parkten meine Brüder für gewöhnlich ihre Lastwagen und fuhren dementsprechend häufig vorbei. Mitten in der Stunde hörten wir plötzlich Pistolenschüsse. Alle, Schüler und Lehrer, stürzten erschrocken und neugierig an die Fenster. Manche meiner Klassenkameraden lachten sogar, sie freuten sich ganz offensichtlich über die Unterbrechung des Unterrichts.

Ich aber blieb stumm und wie angewurzelt auf meinem Platz sitzen. Ich hatte Angst, dass meine Brüder in die Schießerei verwickelt waren, traute mich jedoch nicht, danach zu fragen. Ohne mich zu rühren, ließ ich die endlosen Minuten verstreichen, die es brauchte, bis in der Klasse wieder Ruhe eingekehrt war. Dann sah ich unsere Lehrerin auf mich zukommen. Sie nahm mich bei der Hand und zog mich aus dem Klassenzimmer. Sie war eine alte Freundin meiner Mutter, vielleicht mochte sie mich auch deswegen. In der Schule war ich weniger ungestüm als zu Hause: Ich war ruhig, störte nie den Unterricht und war immer ein bisschen traurig. Die Lehrerin hatte Verständnis für meine Situation, weil sie auch einen Bruder hatte, der mit dem Gesetz in Konflikt geraten war. Jedenfalls drückte sie mich manchmal und hatte immer ein paar tröstende oder aufmunternde Worte für mich. Diesmal sagte sie zu mir:

»Komm mit, Giuseppì, komm mal mit deiner Lehrerin nach draußen.«

»Was ist los?«

»Nimm deinen Rucksack und deinen Ranzen, du gehst nach Hause.«

Sie nahm mich an der Hand, und ich fragte:

»Was ist denn passiert?«

»Nichts, nichts... Komm, ich bring dich nach Hause.«

Zu Hause trafen wir auf Mama und Nina, die weinten und das Haus wieder in Ordnung brachten. Die Carabinieri, die auf der Suche nach Leonardo alles auf den Kopf gestellt hatten, waren gerade gegangen.

Kurz vorher war auf der Piazza eine Polizeisperre errichtet worden. Mein Bruder war mit seinem Laster dort vorbeigekommen und von den Beamten erkannt worden. Sie hatten ihn aufgefordert, stehen zu bleiben. Ohne lange nachzudenken, hatte Nardo seinen Laster quer auf die Straße gestellt, war herausgesprungen und davongelaufen. Die Carabinieri hatten ihn zu Fuß verfolgt und dabei ein paar Schüsse abgefeuert; es waren die Schüsse, die wir in der Schule gehört hatten. Ohne Rücksicht auf Verluste rannte er einfach weiter und versteckte sich in einer Garage, wo er sich ruhig verhielt, bis seine Verfolger seine Spur verloren hatten. So konnte er entkommen. Wir aber wussten nicht, ob man ihn gefasst hatte, ob er verletzt war oder gar in Lebensgefahr schwebte, und konnten nichts tun. Mama, Nina und ich verbrachten den Rest des Tages mit unserer Angst. Mir ging es sehr schlecht; ich fühlte mich, als hätte man mir einen Teil meines Körpers entrissen. Schon der Gedanke daran, Nardo könnte etwas zugestoßen sein, verursachte in mir eine innere Leere und einen unsagbaren körperlichen wie seelischen Schmerz, schlimmer als ein Albtraum.

Abends endlich bekamen wir Nachricht von Nardo. Er hielt sich in der Gegend von Valguarnera auf, nicht weit vom Jato-Stausee, wo meine Brüder Land gekauft und Ställe und eine Molkerei gebaut hatten. Das Ganze ist ziemlich abgelegen und befindet sich an einer Nebenstraße, die Partinico mit dem Ort San Giuseppe Jato verbindet; man erreicht es aber auch über die Straße nach Alcamo. Mama, Nina und ich eilten dorthin und konnten Nardo endlich wieder in die Arme schließen. Zum Glück war er unversehrt geblieben. Er umarmte mich und fragte mich lachend:

»Und, hast du Angst gehabt? Dachtest du, sie hätten mich verletzt oder umgebracht?«

Ja, ich hatte Todesangst gehabt, aber ich gab es nicht zu, sondern behauptete, mich nur ein bisschen gefürchtet zu haben. Endlich waren die Panik und der grausame Schmerz, die mich den ganzen Tag über gequält hatten, vorbei. Auch meine Mutter und Nina waren erleichtert. Jedenfalls für den Moment. Wenn solche Dinge passierten, hielten wir drei Frauen zusammen – wir waren ein Herz und eine Seele.

Umso schmerzlicher traf es mich, nachdem ich 2005 als Kronzeuging ausgesagt hatte, in der Zeitung lesen zu müssen, dass meine Mutter mich verstoßen und das ganze Haus mit Trauerflor versehen hatte. Von diesem Tag an war sie nur noch die Mutter meiner Geschwister.

Die Kuhhirten

Für die Leute im Dorf waren wir »die Kuhhirten«, wenn sie nicht den Mut hatten, von uns als dem »Fardazza-Clan« zu sprechen. Natürlich ist nichts dagegen zu sagen, wenn jemand Viehzucht betreibt. Wir hatten Schafe, Kühe und Pferde. Aber was es wirklich bedeutete, begriff ich erst später. Als ich noch klein war – Nardo hatte schon einmal im Gefängnis gesessen –, fragte ich ihn, wie alles gekommen sei. Ich fragte nicht, ob sie Mafiosi seien, denn die Wörter »Mafia« und »Mafioso« wurden bei uns zu Hause nicht in den Mund genommen. Nardo erklärte mir in wenigen, etwas wirren Sätzen, dass sie sich an irgendeinem Punkt ihres Lebens auf einer abschüssigen Straße wiedergefunden hätten, auf der es von Gefahren nur so wimmelte und erbarmungslose, machtgierige Menschen das Sagen über alle anderen haben wollten, einer Straße, auf der die Schwachen keine Überlebenschancen hatten und das Gesetz des Stärkeren herrschte. Dass die drei an einem Scheideweg gestanden hätten, an dem es nur zwei Möglichkeiten gab: aus der Gegend zu verschwinden, um nicht mit dem Leben zu bezahlen, oder Teil der Cosa Nostra zu werden und erbarmungslos gegen ihre Feinde vorzugehen. Wie sie sich entschieden haben, ist Justizgeschichte und unsere Geschichte. Ich denke, die Tatsache, dass wir »Kuhhirten« waren, spielte bei dieser Entscheidung keine unerhebliche Rolle. Nicht, dass bei uns zu Hause darüber geredet worden wäre, aber nachdem wir immer wieder mit dem Gesetz in Konflikt gerieten, habe ich angefangen, mich über die Mafia zu informieren, und erkannt, dass wir Vitales in einem ganz bestimmten Moment diese »Karriere« jenseits von Recht und Ordnung eingeschlagen haben. So wie die Dinge innerhalb der Cosa Nostra in den 1970er und Anfang der 1980er Jahre standen, musste vieles schnell und »erbarmungslos« geschehen, wie Nardo es ausgedrückt hatte.

In meiner Erinnerung spielte sich unser Leben ausschließlich auf dem Land ab, zwischen Gemüsegärten, Ställen, Kühen und Pferden. Diese Welt war in meinen Augen die schönste, die man sich vorstellen konnte, und ich ahnte nicht, wie sehr sie dem Untergang geweiht war. Auch wenn es uns gut ging und es uns an nichts fehlte, waren es doch die Corleonesi, die die Cosa Nostra in diesen Jahren im Sturm eroberten. Wenn man außerhalb Palermos blieb und sich mit Viehzucht beschäftigte, konnte man in dieser Zeit nichts werden. Die Corleonesi hatten den Tierhandel, der ihnen anfangs durchaus bei ihrem Aufstieg geholfen hatte, längst aufgegeben. Mit dem Stehlen und heimlichen Schlachten von Vieh konnte man nicht wirklich Geld verdienen und groß werden. Um Palermo zu erobern und Milliarden mit Heroin und Baukorruption zu erwirtschaften, waren sie zu Killern geworden und hatten sich in alle Mafia-Familien Siziliens eingeschleust. Sie hatten sich überall Freunde gemacht und waren wild entschlossen, es den anderen zu zeigen: den Bontades, den Badalamentis, den Spatolas, den Inzerillos, den Di Cristinas, den Calderones. Sie gegen den Rest der Welt.

Zunächst spielten sich die Auseinandersetzungen innerhalb der Cosa Nostra zwischen einzelnen Familien ab: Man war entweder auf der Seite der einen oder der anderen. Die Bosse einer Familie oder eines Familienzusammenschlusses kannten nicht nur ihre eigenen Jungs, sondern auch die der anderen Clans. Bei den Corleonesi war das anders. Sie stellten sich ihre Leute zusammen, ohne die anderen Chefs darüber zu informieren. Offiziell sagten sie das eine und taten heimlich das andere. Sie brachten Leute um, ohne die Kommission davon zu unterrichten, ohne den Chef der Gegend, in der die Morde stattfanden, um Erlaubnis zu fragen. Die jeweiligen Mafia-Familien gingen dann davon aus, dass der *capo mandamento*, der Chef des jeweiligen Mafia-Bezirks, von der Tat wusste und sein Einverständnis gegeben hatte; in Wahrheit hatte er aber keine Ahnung. Das versuchte er seinen Leuten auch zu erklären, die wiederum Mühe hatten, ihm zu glauben, und Verrat witterten. Innerhalb der Cosa Nostra gab es keinen Konsens mehr. Und die Corleonesi gaben sich nicht damit zufrieden: Sie waren die Ersten, die zu einem Frontalangriff des Staates übergingen.

Wir Fardazza waren einer von den vielen Clans in der Provinz, die die Corleonesi rekrutiert hatten, um die Cosa Nostra im Sturm zu erobern. Und wir gebrauchten dieselben Methoden wie sie. Ich weiß nicht, ob es die Mafia, wie Buscetta* sie dem Richter Falcone schilderte, jene Mafia, in der die Ehre und die Familie alles waren, jemals gegeben hat. Die Mafia, die ich kennengelernt habe, war jedenfalls gnadenlos, und wenn meine Brüder Teil der Cosa Nostra werden und die Aufmerksamkeit der Corleonesi gewinnen wollten, die auf dem aufsteigenden Ast waren, dann hatten sie keine Alternative.

Dies soll keine Rechtfertigung sein, es ist die Wahrheit. Und ich war mittendrin. Ich wuchs in dieser Realität auf,

---

* Tommaso Buscetta, 1928–2000, war ein sizilianischer Mafioso und einer der ersten Kronzeugen, die gegen die Mafia aussagten (Anm. d. Übers.).

während der *mattanza**, die die Palermitani aus der Cosa Nostra ausschloss und sie vollständig in die Hände der Corleonesi trieb, oder besser: in die von *zu Totò 'u curtu*, Onkel Totò, dem Kurzen. Mit ihm diskutierte man nicht: Man gehorchte einfach. Und wir alle wurden Zeugen der *mattanza*. In den 1980er Jahren, als sich der Fardazza-Clan langsam einen Namen machte, kamen mehr als tausend Menschen ums Leben; ich sage mehr als tausend, weil man allein tausend Leichen gefunden hat. Darüber hinaus gibt es aber noch jene, die in Salzsäure aufgelöst oder verbrannt worden waren oder in Brunnenschächten oder Betonpfeilern von Gebäuden oder Autobahnen verschwunden waren und gar nicht erst mitgezählt wurden.

Nachdem Giuseppe Di Cristina und Pippo Calderone im Jahr 1978 ermordet worden waren, befahl Riina 1981 Pino Greco, auch Stefano Bontade, »den Falken« oder den »Fürsten von Villagrazia«, sowie seinen engen Freund Totuccio Inzerillo von der Familie der Passo di Rigano zu eliminieren: Insgesamt starben einundzwanzig seiner Verwandten, darunter Geschwister, Kinder und Cousins, die der Cosa Nostra selbst dann nicht entkamen, wenn sie sich nach Amerika abgesetzt hatten. Auch die Bontades, die Badalamentis und die Spatolas, die mittlerweile zu den »Verlierern« zählten, versuchten sich vielfach aus dem Staub zu machen. Ihre Angehörigen und Helfer wurden fast alle umgebracht. Ein besonderer Fall war der von Tommaso Buscetta, genannt Don Masino, der nach Brasilien geflohen war und – obwohl er wie Pippo Calò zur Familie

---

* Die *mattanza* (deutsch: Abschlachten) ist eigentlich die traditionelle Thunfischjagd vor den Küsten Siziliens. Der Ausdruck wird aber auch verwendet, um besonders gewalttätige Kriege innerhalb der Mafia zu bezeichnen (Anm. d. Übers.).

von Porta Nuova gehörte, anders als jener aber nicht mit Riina, sondern mit den Salvos und den Bontades verbündet war – die Corleonesi für *malacarni*, verkommene Subjekte, hielt. Vierzehn seiner Verwandten starben durch die Hand der Corleonesi, unter ihnen auch zwei seiner Söhne, und nach einem Selbstmordversuch im Gefängnis war es vor allem diese Tatsache, die ihn dazu bewog, Giovanni Falcone alles zu erzählen.

Während Don Masino nur ein Freund des »Fürsten« Stefano Bontade war, war Salvatore Contorno, genannt Totuccio, einer seiner »Soldaten«, einer seiner Helfer, die schnell und ohne zu zögern schossen. Fünfunddreißig seiner Angehörigen wurden ermordet, und auch er wäre um ein Haar in einem Hinterhalt getötet worden, den sie ihm in Brancaccio, einem Viertel Palermos, stellten. Wie durch ein Wunder entkam er und kollaborierte in dem Moment mit Falcone, als er hörte, dass auch Don Masino geredet hatte.

Die Liste der Toten auf der anderen Seite, der der Bullen, wie wir sie nannten, ist ebenfalls lang. Sie alle hatten es gewagt, gegen die Cosa Nostra vorzugehen: Nach Scaglione, Russo und Boris Giuliano erwischte es 1979 den Ermittlungsrichter Cesare Terranova und seinen Leibwächter Lenin Mancuso; 1980 den Christdemokraten und Präsidenten der Region Sizilien Piersanti Mattarella und den Generalstaatsanwalt von Palermo Gaetano Costa; 1982 den Abgeordneten der Kommunistischen Partei Pio La Torre, der den gesamten Besitz der Mafia beschlagnahmen lassen wollte, sowie den General Carlo Alberto Dalla Chiesa samt seiner Frau und des Polizeibeamten Domenico Russo; 1983 den Staatsanwalt Giangiacomo Ciaccio Montalto und den Leitenden Richter am Obersten Richterrat in Palermo Rocco Chinnici; 1988 den Richter Antonio Saetta mit seinem Sohn Stefano; 1990 den Staatsanwalt Rosario Livatino; 1991 den Staatsanwalt Antonino Scopelliti; 1992... Nein, 1992, das Jahr, in dem die Richter Falcone und Borsellino ermordet wurden, soll hier noch nicht erwähnt werden, denn dieses Jahr war auch für unsere Familie entscheidend.

Das Ritual

Bis zu diesem Zeitpunkt war Nenè Geraci Bezirkschef von Partinico. Er war von Anfang an dabei, weil er mit den Bruscas aus San Giuseppe Jato befreundet war. Wir waren erst später dran. Nardo und Vito hatten während der 1980er Jahre jede Menge zu tun; sie kamen ins Gefängnis, wurden wieder entlassen und von ihrem engen Freund Giovanni Brusca einer nach dem anderen rekrutiert.

Heute reden alle darüber, wie man Mitglied in der Cosa Nostra wurde, aber meiner Erfahrung nach passierte es genau so. Entscheidend ist, dass der entsprechende Bewerber sich als »vertrauenswürdig« erweist: Er darf keine Polizisten, Carabinieri oder Richter in der Familie haben, und er muss schon mal jemanden umgebracht oder zumindest seinen Mut unter Beweis gestellt haben. Er muss der Organisation von einem Ehrenmann vorgestellt werden, der als Bürge fungiert, Informationen über seinen Schützling eingeholt hat und den anderen Mitgliedern darüber Rechenschaft ablegen muss.

Vor der Aufnahmezeremonie werden dem Neuling die Regeln erklärt, die er niemals vergessen darf: der Cosa Nostra treu zu sein, sie niemals zu verraten, egal, was passiert, auch im Gefängnis nicht. Er darf niemals seinen Bezirk verlassen, also nicht außerhalb seines Territoriums und seiner Familie agieren, ohne vorher seinen Boss zu informieren beziehungsweise seine Erlaubnis einzuholen. Er muss seine Frau respektieren, darf sie weder mit einer anderen Frau noch mit einer Prostituierten betrügen, muss sich von den Frauen der anderen Ehrenmänner fernhalten und darf sich nicht scheiden lassen.

Nicht, dass die Ehrenmänner keine Geliebten hätten... Buscetta galt Salvatore Riina, dem Kurzen, als *'u fimminaro,* als Schürzenjäger, weil er immer um die Frauen herumscharwenzelte und dreimal verheiratet war. Wie viele fanden den Tod, weil man herausfand, wo ihre Geliebten wohnten. Die Killer warteten dann einfach vor ihrem Haus, in der Gewissheit, sie dort anzutreffen. Wer innerhalb der Cosa Nostra eine Geliebte hat, darf niemandem davon erzählen, erst recht nicht der eigenen Frau. Es sind die Frauen, die ihren Männern hinterherspionieren. Auch wenn sie nicht alle ihre Geschäfte im Einzelnen kennen, wissen sie doch immer, was sie tun, wen sie treffen und woher das Geld kommt, das der Mann nach Hause bringt. Erfahren sie, dass sie betrogen werden, könnte es passieren, dass sie sich rächen, dass sie den Carabinieri Dinge über die Cosa Nostra verraten. Deshalb behandelt man sie mit Respekt. Die Cosa Nostra akzeptiert keine Frauen, Frauen werden nicht aufgenommen, es gibt keine »Ehrenfrauen«. Aber ohne die Frauen gäbe es auch keine Mafia, davon kann ich ein Lied singen.

Bisweilen habe ich mich gefragt, ob meine Brüder sich meiner Mutter, Nina und mir gegenüber deshalb so gewalttätig und besitzergreifend verhielten, weil das ihrem Charakter entsprach oder weil sie Mafiosi waren. Doch ich weiß keine Antwort darauf. Solange die Frauen so wichtig für die Cosa Nostra sind, müssen die Ehrenmänner natürlich ein Interesse daran haben, sie klein zu halten. Als Komplizinnen sind sie ideal, sie leben für ihre Männer, unterstützen sie, sorgen dafür, dass sie ein sicheres Zuhause haben, schenken ihnen Kinder und erziehen diese in ihrem Geiste. Sie halten den Mund, wenn sie Prügel beziehen, bewahren Stillschweigen über ihre Geheimnisse und geben ihren Männern, wenn sie im Gefängnis landen, das Gefühl, dass es jemanden gibt, der sie bedingungslos liebt und zu ihnen hält. Aber sie dürfen niemals über die Stränge schlagen. Wehe dem Huhn, das entdeckt, dass es in Wirklichkeit ein Adler ist!

Kommen wir auf das Aufnahmeritual zurück. Dem jungen Mann, der der Cosa Nostra beitreten will, sticht sein Taufpate in den Daumen – entweder mit einer Nadel oder dem Dorn einer Bitterorangenpflanze –, lässt Blut auf ein Heiligenbildchen tröpfeln, das der Aspirant in der Hand hält, und zündet dieses an. Dann muss der junge Mann sagen:

»Möge mein Fleisch brennen wie dieses Heiligenbildchen, wenn ich meinem Schwur nicht treu bleibe.«

Von diesem Moment an bleibt er sein Leben lang ein Ehrenmann. Und so schreibt es auch Giovanni Falcone in seinem Buch:

»In die Mafia einzutreten hat dieselbe Bedeutung, wie sich zu einer Religion zu bekennen. Man hört weder auf, Priester zu sein, noch Mafioso.«

Und die Frauen der Mafiosi?

Ich habe gelernt, indem ich einfach zugesehen habe. Für Frauen gibt es keine Initiationsrituale. In einer Familie, die der Mafia angehört, ist ihr ganzes Leben ist ein einziges Initiationsritual. Sie müssen verstehen, ohne zu fragen, immer zur Verfügung stehen und einsatzbereit sein, auch wenn sie nicht wissen, wofür. Sie fügen die einzelnen Mosaiksteinchen zusammen, bis sie verstanden haben, worum es geht. Nardo und Vito waren kolossal umtriebig. Nichts konnte sie aufhalten, weder Gefängnisaufenthalte noch das Leben im Untergrund. Aber das bedrückte mich nicht, es machte uns nichts aus, wenn sie im Gefängnis waren, im Gegenteil.

Ich erinnere mich noch gut daran, wie wir Nardo jeden Dienstag und Donnerstag in der Vollzugsanstalt besuchten. Wir machten daraus eine Art Wettbewerb mit den anderen Familienangehörigen der Insassen. Es ging darum, wer die meisten Geschenke mitbrachte. Und wir hatten immer Unmengen zu essen dabei, besonders an den Feiertagen. Ganze Lachse, Cassate und andere sizilianische Süßigkeiten; Kisten voller Bananen, anderem Obst und allen möglichen Spezialitäten. Wir gingen alle gemeinsam – damals war die Anzahl der Besucher noch unbegrenzt –, und Vito war immer mit von der Partie. Es war unsere Art und Weise, Zeit miteinander verbringen, die Familie zusammenzuführen.

Zu diesem Zeitpunkt saß Nardo in Sektor acht des Ucciardone-Gefängnisses in Palermo ein, es war der beste Sektor. Die Insassen dort waren etwas angesehener, sie waren sozusagen die »anständigeren Kriminellen« – also keine Drogenabhängigen, Asylanten oder gescheiterten Existenzen. Nur ausgewählte Leute. Wir waren stolz darauf, dass Nardo in diesem Sektor einsaß. Es war der Beweis, dass er mit den richtigen Leuten befreundet war, dass er innerhalb der Organisation aufgestiegen war, sich zur Autoritätsperson gemausert hatte und ein fähiges und intelligentes Mitglied war. Er hatte es faustdick hinter den Ohren.

Ein anderes Mal besuchte ich ihn mit Mama im Krankenhaus. Er wurde von der Polizei gesucht und hatte einen Unfall mit dem Lastwagen gehabt. Er war in einer Straßenböschung gelandet und hatte Splitter von der Windschutzscheibe ins Gesicht bekommen, aber das wussten wir nicht. Man hatte uns weder gesagt, welcher Art seine Verletzungen waren, noch, wie es ihm wirklich ging, aber wir nahmen mit Sorge zur Kenntnis, dass man ihn zusammen mit den Geisteskranken in der psychiatrischen Abteilung untergebracht hatte. Was hatte das zu bedeuten? Dass sein Verstand nicht mehr richtig funktionierte, dass er nichts mehr begriff und uns am Ende nicht einmal mehr erkennen würde?

Er war in einer Abteilung mit Patienten untergebracht, die schwere psychische Störungen hatten, Menschen, die jammerten, herumschrien und mit offenem Mund an die Decke starrten. Etwas ängstlich trat ich an sein Bett und fragte:

»Nardo, bist du wirklich verrückt?«

Und er: »Nein, mach dir keine Sorgen. Dein Bruder ist nicht verrückt, er tut nur so.«

Ich: »Aber hast du keine Angst vor den Behandlungen und den Spritzen?«

Er erklärte mir leise, dass er vorgegeben habe, geistig total verwirrt zu sein, weil er ja polizeilich gesucht werde, dass das die einzige Möglichkeit war, einer Verhaftung zu entgehen, und dass er bald wieder zu Hause wäre.

So waren Nardo und Vito eben. Michele dagegen wollte nichts mit der Cosa Nostra zu tun haben. Was aber nicht hieß, dass er nicht auch in Schwierigkeiten steckte. Als ich neun Jahre alt war, schickte man ihn für einen Pflichtaufenthalt nach Bologna, wo er nach vier Jahren dann auch bleiben wollte, gerade weil er von Sizilien so weit weg wie möglich sein wollte. Es gab aber noch einen weiteren Grund: Er hatte mit einem Partner aus Partinico – nennen wir ihn einmal Giuseppe – eine Baufirma gegründet, und die Geschäfte liefen von Anfang an gut. Nardo und Vito zogen ihn immer auf, wenn sie zu Besuch waren, und nannten ihn *'u dottore*, weil er sich gern gut anzog und stets Jackett und Krawatte und einen eleganten Mantel trug.

Ihrer Meinung nach arbeitete er nicht, sein Job bestünde vielmehr darin, nicht zu arbeiten. Und damit provozierten sie ihn, vielleicht weil sie sich nicht damit abfinden konnten, dass er von Partinico und ihnen nichts mehr wissen wollte. Immer wieder fragte Michele:

»Was wollt ihr von mir? Wollt ihr mich fertig machen? Warum lasst ihr mich nicht einfach in Ruhe?«

Manchmal stritten sie deswegen auch, aber Michele schaffte es tatsächlich, sich fünfzehn Jahre lang aus allem rauszuhalten und seine Erfolge in der Emilia auszubauen: Er gründete eine Tierfutterfabrik und eine Transportfirma. Er lieferte Milch für Parmalat aus, bis ihm das Unternehmen die Zusammenarbeit aufkündigte. Ein dortiger Mitarbeiter hatte behauptet, von Vito bedroht worden zu sein. Ob das nun stimmte oder nicht, Michele wurde jedenfalls fuchsteufelswild, und die Streitereien mit Nardo und Vito gingen von vorne los.

Den Namen Vitale zu tragen war in jedem Fall mit Risiken verbunden, und das Ganze endete damit, dass Michele ungerechtfertigterweise in einen Fall von Autodiebstahl und Drogenhandel verwickelt wurde. Gemeinsam mit anderen wurde er festgenommen und saß zwei Jahre lang in Bologna in Untersuchungshaft. Ich erinnere mich noch an die Adresse des Dozza-Gefängnisses: Via del Gomito 2. Vito, ein Freund von ihm, ein gewisser Antonino Greco, der einige Jahre später ein unschönes Ende finden sollte, und ich machten uns auf den Weg von Partinico nach Bologna. Meine Schwägerin Mariella, Vitos Frau, war auch dabei. Da Vito und sein Freund zu der Zeit untergetaucht waren, sollten wir gemeinsam mit einer anderen Frau Michele im Gefängnis besuchen, denn Vito konnte sich natürlich nicht dort blicken lassen. Micheles Partner Giuseppe war ebenfalls in Haft, und wir schauten auch bei ihm vorbei. Er war mein Firmpate und ein anständiger, ehrlicher Mann. Aber es dauerte, bis seine Unschuld bewiesen war. Am Ende wurde er dann doch freigesprochen und hat es uns nie übel genommen, dass er durch uns in solche Schwierigkeiten geraten war. Er lebt noch heute in Bologna und war uns immer ein hilfsbereiter Freund.

Einmal begleitete er mich in Bologna zum Gericht; Michele hatte eine Anhörung. Kaum hatten wir den Gerichtssaal betreten, wurden wir von einer Gruppe Menschen überholt, die sich um einen vornehmen Herrn mit einem braunen Lederköfferchen voller Akten scharte. Giuseppe sagte mir, dass es sich bei dem Herrn um den Richter handelte, der über das Schicksal meines Bruders entscheiden würde. Ich dachte nicht lange nach. Zur Verwunderung aller und Giuseppes Versuchen, mich davon abzuhalten, zum Trotz trat ich vor den Richter, zupfte ihn am Ärmel und flehte ihn an:

»Herr Richter, Sie begehen einen Irrtum. Mein Bruder Michele Vitale ist unschuldig. Er hat nichts Unrechtes getan. Das schwöre ich Ihnen.«

Er sah mich an, verstand offenbar nicht, und bevor er irgendetwas sagen konnte, hatte Giuseppe mich auch schon von ihm weggezerrt. Ich war zwar noch jung und unerfahren, aber ich wusste, dass ich recht hatte. Michele war unschuldig und wurde auch von jedem Vorwurf freigesprochen. Er hätte in Bologna bleiben und weiter mit Giuseppe arbeiten können, aber sein Ruf war ruiniert, und so zog er zurück nach Sizilien, zu unserer Mutter.

Auch Nardo und Vito gingen nicht zu ihren Frauen, wenn sie in Bedrängnis waren, sondern zu unserer Mutter. Vielleicht weil sie sich nur bei uns wirklich sicher fühlten und gewiss waren, dass niemand sie verraten würde. So kam auch Vito eines Tages nach Hause. Er war furchtbar aufgeregt und schrie unverständliches Zeug, fluchte und schimpfte, seine Kleider hingen in Fetzen und waren voller Ruß. Sie waren angebrannt! Auch sein Gesicht und die Haare hatte er sich versengt, und er hatte keine Augenbrauen mehr. Er hatte schlimme Schmerzen, und Mama und ich versuchten ihn zu beruhigen, machten ihm Kompressen aus Wasser und Milch und reinigten die Wunden, so gut es ging. Jemand aus dem Dorf hatte die glorreiche Idee gehabt, auf einem wenig frequentierten Stück Land Marihuana anzubauen. Das Experiment war gelungen, die Pflanzen waren gewachsen, und der Besagte war schon im Begriff, die Ernte an den Höchstbietenden zu verkaufen. Aber er hatte sein Geschäft nicht von der Cosa Nostra genehmigen lassen, obwohl er sehr wohl wusste, dass er es hätte melden müssen. Um ihn zu bestrafen, hatte man Vito beauftragt, die Pflanzung in Brand zu setzen und in Rauch aufgehen zu lassen. Das erschien meinem Bruder ein Leichtes, und so hatte er sich alleine mit ein paar Benzinkanistern auf den Weg gemacht. An jenem Abend ging aber ein starker Wind, der Mistral, und änderte fortwährend seine Richtung. In nur wenigen Augenblicken hatte das Feuer Vito umzingelt, ohne dass er es merkte, und setzte weiter alles um sich in Brand. Im null Komma nichts war er von mannshohen Flammen umgeben, die der Wind immer weiter in seine Richtung trieb. Es gab keinen Ausweg mehr. Als ihm klar wurde, dass ihm ein grausamer Tod drohte, ergriff ihn panische Angst, aber er besaß genug Geistesgegenwart, um sich dort, wo die Flammen noch am niedrigsten waren, ins Feuer zu stürzen, wie ein Verrückter durch die Hitze und den Rauch zu rennen – und sich in Sicherheit zu bringen.

Er erzählte uns, er habe dem Tod ins Auge gesehen. Er habe sich gefühlt wie in der Hölle, habe wirklich geglaubt, es sei vorbei mit ihm. Erst als er durch die unerträgliche Hitze hindurch einen kühleren Lufthauch wahrnahm, habe er begriffen, dass er gerettet war. Er, der grauenhafte Dinge getan, sich bewusst in weitaus gefährlichere Situationen begeben hatte, hatte sein Leben riskiert, um eine kleine Marihuana-Anpflanzung abzufackeln. Er hatte die Risiken unterschätzt, und das war meines Erachtens der Grund, warum er sich so aufregte. Natürlich hätte er das meiner Mutter und mir gegenüber niemals zugegeben.

Michele jedenfalls machte Nardo und Vito nach seiner Rückkehr aus Bologna unmissverständlich klar, dass er die Nase voll hatte von dem ewigen Kampf mit den Bullen und dass sie ihn gefälligst nicht mehr in ihre Machenschaften hineinziehen sollten. Er gründete eine neue Futtermittelfabrik und dann noch eine Hühnerzucht. Die Geschäfte liefen gut. Da die anderen beiden im Gefängnis saßen beziehungsweise untergetaucht waren, konnten sie sich kaum noch um Val Guarnera kümmern; also übernahm Michele auch den landwirtschaftlichen Betrieb. Mein Vater und ich unterstützten ihn, wo wir konnten, obwohl ich von Nardo und Vito zunehmend wichtigere Aufträge erhielt und immer weniger Zeit hatte.

Ich wurde langsam zu einer »Mafia-Soldatin«* und übernahm nach und nach die Aufgabe meiner Mutter, Nardo und Vito zur Seite zu stehen. Mittlerweile verstand ich ihre angedeuteten Zeichen, schnellen Blicke und kleinen

---

* Als »Mafia-Soldaten« werden diejenigen bezeichnet, die die Drecksarbeit erledigen. Mafia-Clans sind wie Armeen organisiert, geführt von dem Clanchef oder Boss, dem ein Berater oder *consigliere* und ein Unterboss zur Seite stehen. Ihnen berichten Kapitäne oder *capos*, die die »Offiziere« in der Hierarchie darstellen und nach Regionen aufgeteilte Mannschaften oder *decinas* befehligen. Die Mannschaftsmitglieder sind die Soldaten (Anm. d. Übers.).

Gesten auf Anhieb. Ich fragte nie, und sie erklärten mir nichts. Ich wusste sehr gut, dass Fragen dazu da sind, etwas in Erfahrung zu bringen, was der andere nicht sagt. Aber wenn er nichts sagt, dann bedeutet das, dass er nichts sagen will. Und warum sollte man jemanden dann mit Fragen behelligen? Ich kam zu dem Schluss, dass es besser war, den Mund zu halten.

Und sie brachten mir Schießen bei. Ich war noch klein, vielleicht acht oder neun Jahre alt. Wir waren in Baronia, es war Sommer, und sie vertrieben sich die Zeit damit, mit einem Trommelrevolver auf einen Betonpfeiler zu zielen. Ich stand dabei und hielt mir die Ohren zu, weil mich die lauten Schüsse erschreckten. Irgendwann rief Nardo:

»Giuseppì, probier es doch auch mal!«

Pistolen und Gewehre waren nichts Neues für mich, weil ich oft dabei zugesehen hatte, wenn sie sie putzten. Waffen faszinierten mich, es erschien mir, als verschafften sie einem ein Gefühl großer Sicherheit. Einmal war ich wie verzaubert vor einem Revolver stehen geblieben, den meine Brüder unbewacht auf dem Küchentisch liegen gelassen hatten, während sie unter der Dusche waren. Ich wagte nicht, ihn zu berühren. Ein anderes Mal hatte ich mich in eine Halbautomatik von Vito verliebt, die einen wunderschönen Griff aus Perlmutt hatte. Aber bis zu jenem Moment hatte mir niemand jemals erlaubt, eine Waffe in die Hand zu nehmen. Daher war ich sehr aufgeregt angesichts von Nardos Aufforderung. Ich hörte meinem Bruder aufmerksam zu, während er mir erklärte, wie man den Revolver halten musste. Ich fasste ihn mit beiden Händen und stellte mich breitbeinig hin, damit ich sicher stand, und Leonardo stützte mir von hinten die Arme. Dann fragte er mich, ob ich bereit sei. Ich holte tief Luft, kniff ein Auge zu, um das Ziel besser fokussieren zu können. Doch ich zitterte wie Espenlaub, und der Revolverlauf tanzte vor meinem Auge. Aber ich durfte ihn nicht enttäuschen. Ich nahm all meinen Mut zusammen, schloss ein Auge und betätigte den Abzug. Die Pistole flog mir aus der Hand, und ich bekam vor lauter Angst und Aufregung kaum noch Luft. Ganz ruhig ließ Nardo es mich noch einmal probieren, dann noch einmal und noch einmal... Von da an machten mir Waffen keine Angst mehr. Einmal habe ich auch mit einem Jagdgewehr des Kalibers 12 geschossen, und der Rückstoß hätte mir um ein Haar die Schulter zertrümmert. Doch ich hatte ein gewisses Geschick im Umgang mit Waffen. Meine Brüder und ich trainierten meist in der Umgebung von Partinico oder in einem stillgelegten Steinbruch in Sambuca di Sicilia, weil mein Vater nicht wollte, dass wir in Baronia übten. Der Betonpfeiler, auf den wir dort schossen, war voller Einschusslöcher, und wenn aus irgendeinem Grund die Carabinieri auftauchten, wusste er nie so recht, wie er sich rechtfertigen sollte.

Ich habe auch sehr früh gelernt, wie sich Pistolen, Revolver und Halbautomatiken voneinander unterscheiden. Meine Brüder ließen mich alle Varianten ausprobieren: eine klassische 38-Kaliber-Pistole mit kurzem Lauf ebenso wie die berühmte Beretta 98 FS, Kaliber 9 x 21, die auch zur Ausstattung von Polizei und Carabinieri gehört und Vitos Lieblingswaffe war, oder Halbautomatikpistolen vom Kaliber 22, die sehr viel kleiner und leichter als eine Beretta sind und sich daher besser verstecken lassen. Später würde ich auch noch den rauschhaften Zustand kennenlernen, der sich einstellt, wenn man eine Waffe bei sich trägt. Im Moment war ich aber noch vierzehn, fuhr aber schon Auto und übernahm Kurierfahrten und kleinere Aufgaben für Michele, Nardo und Vito. Zur Schule ging ich nicht mehr. Nach der achten Klasse wollten meine Brüder nicht, dass ich weiter den Unterricht besuchte. Wenn es nach Nardo gegangen wäre, hätte ich die Schule schon nach der Fünften verlassen, und ich musste lange betteln, damit ich überhaupt auf die Mittelschule durfte. Ich habe meinen Willen nur deshalb bekommen, weil die Schule in der Via Principe Umberto lag, also ganz in unserer Nähe. Auf diese Weise behielten sie die Kontrolle über mich. Ich war ziemlich fleißig und gut in der Schule. Ich lernte gern und war wissbegierig. Meine Lieblingsfächer waren Mathematik und Sport. In Sport war ich sogar richtig begabt, insbesondere der Mittelstreckenlauf lag mir, wie mein Turnlehrer entdeckt hatte, und es dauerte nicht lange, bis ich ins Leichtathletik-Team von Partinico Audace aufgenommen wurde. Obwohl ich nur wenig trainierte, waren meine sportlichen Leistungen sehr gut. Außerhalb der Schule Sport zu machen hatten mir meine Brüder verboten, und auf den Sportplatz, wo meine Mannschaft trainierte, durfte ich auch nicht. Ich konnte also nur in den Sportstunden laufen. Damit ich vor einem wichtigen Wettkampf trainieren konnte, erlaubte man mir, den Mathematikunterricht zu schwänzen, ein Fach, in dem ich ja sehr gut war. Die Lehrer hatten für mich eine Strecke ausgearbeitet, die vom Schulhof zum nahegelegenen Krankenhaus und wieder zurück führte. So konnte ich mich auf den Wettkampf vorbereiten, ohne dabei von meinen Brüdern gesehen zu werden.

Ich habe bei den Wettkämpfen in Partinico und anderen Orten der Umgebung immer sehr gut abgeschnitten. Während meiner kurzen Karriere als Athletin hatte ich sogar Gelegenheit, Salvatore Antibo, damals einer der besten Langstreckenläufer der Welt, kennenzulernen und mit ihm zu trainieren.

Jedes Mal, wenn ich an einem Lauf teilnehmen wollte, musste ich mir etwas für meine Brüder ausdenken. Sie wollten nicht, dass ich zu Wettkämpfen fuhr, weil dort immer eine Menge Militärpolizisten und viele junge Leute waren, die gemeinsam aßen, tranken und feierten. Insofern profitierte ich also von den Zeiten, wenn sie im Gefängnis saßen oder in anderen Städten untergetaucht waren. Mein Vater dagegen unterstützte mich. Er begleitete mich häufig und dachte nicht im Traum daran, mich zu verpetzen.

Eines Tages wurde ich zu den italienischen Meisterschaften in Salsomaggiore Terme zugelassen. Um meine Brüder von meiner Teilnahme zu überzeugen, kamen meine Lehrer bei uns zu Hause vorbei. Sie erklärten Nardo, dass ich Talent hätte und dass es nicht richtig wäre, mich von den Wettkämpfen auszuschließen. Immerhin sei Sport gesund. Zum Glück hatte Michele zu der Zeit Aufenthaltspflicht in Bologna und bot sich an, mich zu den Meisterschaften zu begleiten. Für die Reise wurde ich zweien meiner Lehrer anvertraut unter der Bedingung, dass ich auf gar keinen Fall mit dem Rest der Mannschaft im Hotel übernachten dürfe. Außerdem durften sie mich nicht aus den Augen lassen, bis wir in Bologna waren, wo Michele mich abholen sollte.

Und genauso wurde es gemacht. Michele sammelte mich am Bahnhof ein, und am Morgen des Wettkampfs standen wir sehr früh auf. Er hatte Angst, wir könnten uns verspäten, und war nervöser als ich. Er machte mir sogar einen frisch gepressten Orangensaft und erlaubte mir, in kurzen Hosen zu laufen.

Obwohl ich wenig trainiert hatte, wurde ich Dritte.

Kurze Zeit später musste ich die Leichtathletik jedoch aufgeben.

Die Jahre vergingen, und je älter ich wurde, desto wichtiger wurde ich für meine Brüder in den verschiedensten Angelegenheiten. Ich beriet sie in Kleidungsfragen, und häufig kaufte ich ihnen ihre Sache sogar. Ich kümmerte mich um sie. Ich umsorgte sie, wo ich konnte, und wenn sie mich darum baten, begleitete ich sie auch. Ich fungierte als Mittlerin zwischen ihnen, wenn sie sich stritten oder nicht direkt miteinander kommunizieren konnten, weil sie gerade untergetaucht waren oder im Gefängnis saßen. Dem nach zu urteilen, wie sie mich behandelten, was sie mir beibrachten und von mir erwarteten, machten sie sich, denke ich, nicht bewusst, dass ich ein Mädchen auf dem Weg zur Frau war. Ich war nicht wie die anderen. Ich hatte keine Freundinnen und ging abends nicht auf den Dorfplatz, ich zog mich nicht mädchenhaft an und schminkte mich nicht. Seit der Sache mit Nina wegen ein bisschen Lidschatten war mir klar, dass ich mich nicht schminken durfte. Ich himmelte Nardo, Michele und Vito an und glaube, dass auch meine Brüder mich auf ihre Weise sehr lieb hatten. Und gleichzeitig glaube ich, dass ihre Liebe zu mir im Laufe der Zeit ausartete und ich das Gefühl hatte, an ihr zu ersticken. Manchmal hatte ich den Eindruck, im Morast zu versinken. Eine meiner frühen Kindheitserinnerungen spielt in dieser Hinsicht eine wichtige Rolle.

Eine Kuh auf der Weide war in ein Schlammloch gefallen, eine riesige, tiefe Pfütze, die voll von weichem Schlick war. In unserer Landwirtschaft in Malavarnera bildete sich häufig so ein Morast, wenn wir die Bewässerungspumpen angestellt hatten. Die Kuh drohte darin zu ertrinken. Ihr Körper war schon fast vollständig im Schlamm versunken. Nardo stürzte sich auf sie und packte sie bei den Hörnern, um ihren Kopf oberhalb des Schlicks zu halten. Aber es gelang ihm nicht, das panische Tier strampelte wie verrückt, und es wurde nur noch schlimmer. Da rief er mich zu Hilfe. Er wollte, dass ich das Tier festhielt, damit er den Traktor holen konnte, um die Kuh mit einem Seil vor dem sicheren Tod zu retten. Ich stürzte mich auf sie und hielt mit aller Kraft die Hörner fest. Nardo rannte los und ließ mich allein.

Ich musste ungeheure Kräfte aufbringen, um den Kopf der Kuh nicht einsinken zu lassen. Ich schwitzte, und mit meinen nassen und schlammigen Händen verlor ich immer wieder den Halt. Um ein Haar wäre auch ich in die Schlammgrube gerutscht. In ihrer Panik versetzte mir die Kuh einen Stoß mit den Hörnern und fügte mir eine tiefe Schürfwunde vom Bein bis kurz unter die Brust zu. Trotzdem hielt ich durch, bis mein Bruder zurückkam. Gemeinsam banden wir den Kopf des Tieres fest, und mit Hilfe des Traktors gelang es uns, ihm das Leben zu retten. Erst dann bemerkte Nardo, dass ich blutete, und verarztete mich.

Dieses Schlammloch sollte mich noch viele Jahre verfolgen, und heute bin ich fest davon überzeugt, dass wir Vitales schon damals ziemlich tief im Sumpf steckten.

Eine günstige Gelegenheit

An manche Jahre seines Lebens würde man sich lieber nicht erinnern, so schlimm waren sie – und gerade deswegen gelingt es einem nicht, sie aus dem Gedächtnis zu streichen. Ein solches Jahr war für mich 1988. Ich war sechzehn, und in Italien hatte es eine von der Staatsanwaltschaft Bologna organisierte Serie von Razzien gegeben, im Zuge derer fast meine ganze Familie im Gefängnis landete – inklusive meiner Mutter, die zum Glück nur wenige Monate lang inhaftiert war. Außer mir waren nur noch mein Vater, Michele und Nina frei, die allerdings erneut schwanger und mir deshalb keine große Hilfe war. Ich musste alles alleine machen: den Haushalt führen, zwischen meinen Brüdern vermitteln, so gut ich konnte, und meinen Vater bei der Feldarbeit unterstützen, die ihm mit seinen mehr als sechzig Jahren immer schwerer fiel. Manchmal kamen auch Leonardos Frau und Tochter, um uns zu helfen, aber sehr viel brachte das nicht. Wo Michele zu der Zeit war, kann ich nicht mehr sagen. Ich spürte, dass alles im Wandel war. Kaum war meine Mutter entlassen, kam sie wegen Unterleibsbeschwerden ins Krankenhaus nach Alcamo. Die Familie fand nicht mehr zusammen, und ich machte mir Sorgen, was aus uns und mir werden sollte. Aber am meisten litt mein Vater.

Es fing damit an, dass er Bauch- und Magenschmerzen bekam. Mein Vater war kein Mann, der viel klagte; es musste ihm wirklich elend gehen, bevor er etwas sagte. Für ihn war das Wichtigste, dass es uns gut ging, und außerdem hatte er zu tun: die Feldarbeit, die Pferde, das Vieh ... Er wollte nicht zum Arzt gehen, aber wir zwangen ihn, sich im Krankenhaus untersuchen zu lassen, und die Diagnose war vernichtend: Er hatte einen bösartigen Tumor im Darm und musste sofort operiert werden. Wir brachten ihn ins städtische Krankenhaus nach Palermo, wo uns die Ärzte mitteilten, dass es sich um einen komplizierten Eingriff handelte. Die Wahrscheinlichkeit, dass mein Vater ihn überleben würde, sei sehr gering.

Am 24. September wurde mein Vater operiert, und am selben Tag kam Nina ins Krankenhaus nach Alcamo, weil ihre Fruchtblase geplatzt war. Meine Mutter war in Palermo bei meinem Vater, ich fuhr nach Alcamo, um Nina beizustehen. Obwohl es schon ihre zweite Geburt war, gab es Komplikationen. Sie hatte starke Schmerzen, aber weil es nicht ihre Art war, beklagte sie sich kaum, und so nahmen die Ärzte sie nicht ernst. Oder es war für sie einfach selbstverständlich, dass Frauen Geburtsschmerzen hatten und litten, und sie dachten sich nichts weiter dabei. Aber je mehr Zeit verging, desto schlechter ging es Nina, und ich hatte das Gefühl, dass irgendetwas nicht stimmte. Ich machte mir schreckliche Sorgen ihretwegen, und ich machte mir schreckliche Sorgen wegen meines Vaters in Palermo. Es war ein Albtraum. Ich rief nach den Krankenschwestern, die mir sagten, es sei alles Ordnung, alles gehe seinen gewohnten Gang, wir müssten Geduld haben, weil das Kind vielleicht erst am nächsten Tag kommen wolle. Aber nichts war in Ordnung. Nina litt wie ein Hund. Zum Glück kam spätnachts Michele. Er war bei unserem Vater in Palermo gewesen und wollte uns eigentlich vom Verlauf der Operation erzählen, aber als er Nina sah, vergaß er das augenblicklich. Er wurde wahnsinnig wütend und fing an herumzuschreien und alles kaputtzuschlagen, was ihm in die Quere kam. Dann machte er sich auf die Suche nach den Schwestern, die er schlafend in ihrem Zimmer vorfand. Er riss sie aus dem Schlaf und schrie:

»Ihr habt euch schlafen gelegt?! Meiner Schwester geht es schlecht! Merkt ihr nicht, dass sie stirbt? Bewegt euch endlich, ihr elenden Schlampen!!!«

Das ließen die Schwestern sich nicht zweimal sagen. Sie stürzten in Ninas Zimmer und brachten sie sofort in den Kreißsaal. Das Baby hatte sich die Nabelschnur um den Hals gewickelt und war kurz davor zu ersticken. Es war schon ganz blau, konnte aber in letzter Sekunde gerettet werden. Ein paar Minuten später, und es wäre gestorben. Ich erinnere mich noch an Ninas Blick: Sie war vollkommen erschöpft, aber ihre Augen waren voller Zärtlichkeit.

Erst da berichtete uns Michele von Papa. Die Operation war wie angekündigt sehr schwierig verlaufen. Der Chirurg hatte ihm erklärt, dass der Tumor sehr groß gewesen und es sehr selten sei, dass ein Patient einen solchen Krebs überlebe. Zum Glück habe es keine Metastasen gegeben, die anderen Organe seien noch unversehrt.

Obwohl ich noch keinen Führerschein hatte, fuhr ich jeden Tag von Partinico nach Palermo, um meinen Vater zu besuchen. Ich musste hin, und zwar nicht nur, weil ich ihn lieb hatte, sondern weil er sich vor den Krankenschwestern schämte und wollte, dass ich ihm die Spritzen gab. Außerdem war es ein großer Trost zu sehen, wie schnell er sich wieder erholte. Er bekam auch viel Besuch von Freunden, in erster Linie von denen, die seine Leidenschaft für Pferde teilten. Er hatte vor der Operation alle seine Pferde verkauft, aber jetzt wollte er sie zurückkaufen und sprach von nichts anderem.

Unter den Pferde-Freunden meines Vaters war einer, der einen jüngeren Bruder hatte, der meinen Vater ebenfalls besuchen kam. Er war Elektriker von Beruf und arbeitete zu der Zeit ausgerechnet im Krankenhaus von Palermo. Er war ein gut aussehender junger Mann mit einer ruhigen Ausstrahlung. Ich kannte ihn schon seit meiner Kindheit, weil wir zwar nicht in dieselbe Klasse, aber auf dieselbe Schule gegangen waren. Er war ein paar Jahre älter als ich. Angelo kam immer in seiner Arbeitskluft vorbei. Er war gut erzogen und höflich, und ich dachte, seine Besuche wären Ausdruck des Respekts gegenüber unserer Familie.

Mein Vater wurde relativ schnell entlassen und kam wieder nach Hause. Er war noch schwach und musste eine strenge Diät einhalten. Die Ärzte hatten ihm Schonung verordnet, aber er wollte sofort wieder raus aufs Feld. Er kaufte sich seine Pferde zurück und dazu noch vier Kälber. Sie waren süß, mussten aber versorgt werden. Das war seine Art, wieder ins Leben zurückzukehren, nur schaffte er die Arbeit kaum noch alleine, er brauchte meine Unterstützung. Zwar kam Nina manchmal nach Baronia, um uns zu helfen, aber der Bau des Lattenzauns blieb an mir hängen.

Genau vierzig Tage nach seiner Operation setzte sich mein Vater nämlich in den Kopf, einen Zaun um die Pferdekoppel zu ziehen: 21 430 Quadratmeter Fläche. Es war zwecklos, ihn davon zu überzeugen, es auf später zu verschieben. Wenn ich ihm nicht helfen wolle, werde er es eben alleine machen, sagte er. Ich sei ja nicht gezwungen, aber das Gehege müsse gebaut werden; die Pferde müssten schließlich draußen sein, man könne sie nicht im Stall halten, aber vielleicht verstünde ich das nicht. Natürlich verstand ich das, mit Tieren kannte ich mich aus. Also schleppte ich zwei Meter hohe Betonpfosten für die gesamte Umzäunung der Koppel – eine bestialische Anstrengung.

Ein sizilianisches Mädchen hat einmal ein Buch mit dem Titel *Ich wollte Hosen* geschrieben. Bei mir war das Gegenteil der Fall, ich hatte gar keine andere Wahl, als Hosen zu tragen. In dieser Zeit war ich ständig mit meinem Vater auf dem Feld und sah alles andere als weiblich aus. Ich habe noch mein Bild vor Augen, mit einem Hut auf dem Kopf, unter den ich meine Haare stopfte, und dicken Stiefeln, in denen – Hosen steckten. Ich verrichtete schwerste Arbeiten, war immer dreckig und verschwitzt und stank wie die Tiere. Einerseits litt ich darunter, andererseits wollte ich es durchaus so. Jedenfalls so lange, bis bestimmte Ereignisse eintraten. Einmal kam Vito mit einem Freund und »Kollegen«, wie er sagte, raus aufs Land. Ich kannte ihn nicht. Da stand ich also, wie immer, zwischen Kühen, Pferden und Kälbern. Vito stellt mich vor:

»Das ist meine Schwester.«

Sein Freund wollte es nicht glauben:

»Wie bitte? Deine Schwester?!«

Wie stand ich bloß da! Was hätte ich sagen können? Vito erklärte ihm sofort, wie fleißig und zuverlässig ich sei, ich sei kein Junge, sondern noch etwas viel Besseres als ein Junge! Er gab mit mir an und schätzte sich glücklich, eine Schwester wie mich zu haben. Er war zufrieden damit – doch ich war es umso weniger. Auch wenn ich nicht gerade arbeitete wie ein Tier, durfte ich weder das Haus verlassen, noch am Fenster stehen; und wenn ich rausging, durfte ich mir noch nicht einmal eine Sonnenbrille aufsetzen. Da ich nicht mehr zur Schule ging und auch keine Leichtathletik mehr machte, war mir jede Ausrede recht, um mich nicht ausschließlich in der Küche oder den Ställen aufhalten zu müssen. Ich war gefragt worden, ob ich einer Hallenfußball-

Damenmannschaft beitreten wolle, aber ich traute mich noch nicht einmal, meine Brüder um Erlaubnis zu fragen. Ich versuchte mich erst zu einem Nähkurs, dann zu einem Informatikkurs anzumelden, aber sie zwangen mich früher oder später immer, es wieder bleiben zu lassen. Manchmal ging ich heimlich aus dem Haus; nur meine Eltern wussten Bescheid, aber damit brachte ich auch sie in Schwierigkeiten. Und manchmal besuchten mich meine ehemaligen Schulkameradinnen Giusy und Giovanna. Sie blieben ein bisschen, um mit mir über alles Mögliche zu plaudern, und wollten dann noch eine Runde durchs Dorf drehen, etwas, das mir streng untersagt war. So konnte es nicht weitergehen. Ich fühlte mich, als müsse ich ersticken, und wurde immer unruhiger. Ich wusste nicht, was ich tun sollte, aber ich wollte mich so schnell wie möglich daraus befreien. Ich wartete nur noch auf eine günstige Gelegenheit. Und diese Gelegenheit hieß Angelo.

Das Herz in der Hose

Wie gesagt, ich kannte ihn bereits. Ich war mit ihm auf dieselbe Schule gegangen. Er wohnte in Santa Caterina, ein bisschen außerhalb unseres Dorfes, und da man erst vor Kurzem begonnen hatte, auch dort zu bauen, musste er in Casa Santa, wo ich wohnte, zur Schule gehen. Außerdem war sein Bruder mit meinem Vater befreundet. Die beiden redeten andauernd über Pferde, wenn sie sich mit anderen Pferdeliebhabern oder in den üblichen Bars oder auf den üblichen Plätzen trafen. Ich hatte ihn ein bisschen besser kennengelernt, als Michele aus Bologna zurückgekehrt war und seine Hühnerzucht in Santa Lucia di Sicilia aufgemacht hatte, denn die Elektroarbeiten übernahm ausgerechnet er; man hatte ihn meinem Bruder als zuverlässig empfohlen. Und so kam er bisweilen zu uns nach Hause, um etwas mit Michele zu besprechen. War mein Bruder nicht da, wartete er auf ihn, und Mama machte ihm einen Kaffee.

Eines Abends saß ich mit meinen Eltern im Wohnzimmer vor dem Fernseher, als es an der Tür klingelte. Ich ging zum Fenster, um nachzusehen, wer es war. Ich dachte, es sei Michele, aber es war Angelo. Er wartete nicht einmal, bis ich ihm die Tür aufmachte, sondern flüsterte mir sofort zu:

»Hör mal, ich muss mit dir reden.«

Damit hatte ich nicht gerechnet, ich erschrak. Ich wunderte mich nicht. Ich war nicht einmal neugierig, einfach nur erschrocken, und reagierte ruppig und abweisend:

»Aber wir haben nichts zu bereden. Willst du Michele sprechen? Michele ist nicht da, er ist bei seiner Verlobten.«

»Nein, ich will mit dir sprechen.«

Ich begriff überhaupt nichts mehr. »Willst du meinen Vater sprechen? Warte, ich hole ihn.«

Aber er bestand darauf, mit mir reden zu wollen. Er wisse, dass Michele nicht da sei, sie arbeiteten schließlich zusammen. Da ich um keinen Preis allein mit ihm sein wollte, schickte ich ihn weg.

Was hätte ich tun sollen? Ich war siebzehn Jahre alt, und etwas Derartiges war mir noch nie passiert. Ich war überrascht, durcheinander, verstört... Ich fühlte mich schrecklich und gleichzeitig gut. Ich kann es nicht richtig beschreiben. Jedenfalls war jemandem aufgefallen, dass ich existierte.

Ein paar Tage später bestellte meine Mutter Angelo zu uns nach Hause, weil es etwas zu reparieren gab. Ich bemerkte, wie er mich, während er seine Arbeit tat, verstohlen aus den Augenwinkeln heraus ansah, aber ich flüchtete mich immer in ein anderes Zimmer. Ich wagte nicht, ihm in die Augen zu sehen. Meine Mutter bekam von alldem nichts mit, oder ließ sich zumindest nichts anmerken. Jedenfalls bat sie mich, Angelo einen Kaffee zu machen. Natürlich tat ich das; ich stellte die Tasse auf ein kleines Tablett, ging ins Wohnzimmer, wo er mit irgendwelchen Elektrokabeln herumhantierte, stellte das Tablett auf einem Tisch ab und stahl mich davon. Ich war entsetzlich verlegen, aber dieser junge Mann gefiel mir, auch wenn ich nicht die geringste Ahnung hatte, wie ich mich verhalten sollte. Eines Morgens begegnete ich ihm mit Michele auf dem Feld. Als wir einen Moment allein waren, nutzte er die Gelegenheit und sagte:

»Hör mal, ich muss wirklich mit dir reden.«
»Was willst du bloß von mir?«
»Ich will mit dir gehen.«
Was sollte ich darauf nur antworten?
»Aber ich will mit niemandem gehen!«
Doch er ließ nicht locker, und weil ich Angst hatte, dass Michele wiederkommen oder jemand vorbeikommen könnte, sagte ich schnell:
»Na gut, ich denk drüber nach und geb dir dann Bescheid.«
Nur wenige Tage später – ich wollte gerade für meine Mutter eine Besorgung machen – kam mir Angelo im Auto entgegen. Er hielt neben mir und fragte durch das geöffnete Fenster:
»Und?«
Und dort, mitten auf der Straße, auf die Gefahr hin, dass man uns zusammen sah und über uns redete, antwortete ich, ohne nachzudenken:
»Na gut... Lass uns miteinander gehen.«
Und so verlobte ich mich. Es war alles andere als romantisch, aber ich war überglücklich. Das Problem bestand darin, es vor meinen Brüdern geheim zu halten. Ich sagte es nicht einmal meiner Mutter. Die Einzige, der ich es erzählte, war Nina. Es war schwierig. Wir konnten weder gemeinsam ausgehen noch telefonieren und mussten alles heimlich machen.
Jeden Morgen vor der Arbeit holte Angelo einen seiner Cousins ab, der bei ihm in die Lehre ging und bei mir in der Nähe wohnte. Ich wusste, um wie viel Uhr er ihn abholte, und auch, wann er ihn abends wieder zu Hause absetzte, und so stellte ich mich dann immer ans Fenster, um ihn zu sehen und Hallo zu sagen. Wenn er mit mir sprechen wollte, wählte er die Nummer einer meiner

Nachbarinnen, die uns deckte und mich dann vom Fenster aus rief, um zu fragen, ob ich ihr beispielsweise beim Zusammenlegen der Laken oder bei irgendetwas in der Küche helfen wolle. So konnte ich bei ihr zu Hause ein paar Worte mit Angelo am Telefon wechseln. Manchmal gelang es mir auch, von zu Hause auszubüxen: Ich sagte meiner Mutter, ich müsse noch etwas, was angeblich ausgegangen war, einkaufen gehen. Aber das war nicht so einfach, und es war gefährlich.

Einmal, als wir uns kurz heimlich trafen und an der Ecke unseres Hauses standen, fuhr Nardo mit dem Auto vorbei. Er sah uns nicht, aber ich dachte, ich müsste sterben. Ich war wie gelähmt vor Angst; und das Herz rutschte mir in die Hose.

Ein Jahr lang hielten Angelo und ich auf diese Weise durch. Es war ein Jahr voller Angst, Versteckspielen und Heimlichtuerei.

Die Erste, die etwas von uns mitbekam, war meine Mutter. Es war fast unmöglich, etwas vor ihr geheim zu halten; sie hatte ihre Augen überall, und außerdem hatte ich mich verändert. Wenn ich aus dem Haus ging, folgte sie mir, und wenn ich telefonierte, stellte sie sich daneben und hörte zu. Irgendwann konnte ich nicht anders, als ihr alles zu sagen, mit dem Ergebnis, dass sie ebenso verängstigt war wie ich. Sie fürchtete, meine Brüder könnten dahinterkommen. Die Tatsache, dass ich es zumindest ihr erzählt hatte, machte mir aber Mut, und so lud ich Angelo zu uns nach Hause ein – natürlich nur, wenn Nardo, Michele und Vito nicht da waren. Sie aber regte sich darüber schrecklich auf und drohte mir regelmäßig:

»Wenn du ihn herkommen lässt, sage ich es deinen Brüdern. Wenn sie es herausfinden, bringen sie mich um. Dann bringen sie uns beide um!«

Die Arme war wirklich am Ende mit ihren Nerven, und obwohl ich ihre Not sehr wohl begriff, bot ich ihr die Stirn:

»Dann sag es ihnen eben. Ruf sie an und sag es ihnen, wenn du dich traust!«

Als ich einmal nachts aufstehen musste, um auf die Toilette zu gehen, und am Zimmer meiner Eltern vorbeikam, hörte ich meine Mutter sagen:

»Dieses Mädchen treibt mich noch in den Wahnsinn. Sie bringt mich noch auf den Friedhof... Sie bringt mich ins Grab... Unter die Erde bringt sie mich noch... Ich kann nicht mehr. Ich sag es ihren Brüdern...«

So lamentierte sie in einem fort und redete auf meinen armen Vater ein. Sie machte ihm die Hölle damit heiß, dass er etwas unternehmen, das heißt mir verbieten solle, sowohl mit Angelo zu telefonieren als auch ihn zu sehen. Da riss mir der Geduldsfaden, und wutentbrannt stürmte ich in ihr Zimmer:

»Was hast du denn? Anstatt dich bei Papa zu beklagen und ihm zu sagen, was er tun soll, sag ihm doch einfach die Wahrheit: dass ich nämlich mit Angelo verlobt bin. Es hat doch keinen Sinn, ihn gegen mich aufzubringen!«

Und zu meinem Vater sagte ich: »Ja, Papa, es ist wahr. Angelo und ich sind verlobt. Wo ist das Problem?«

Jetzt war es raus. Jetzt wusste es auch mein Vater; ich hatte mein Gewissen erleichtert und fühlte mich besser. Aber mein Vater war nicht das Problem. Natürlich war er eifersüchtig, aber er war gutmütig und verpasste einem nur dann eine Ohrfeige, wenn es gar nicht anders ging. Wie an jenem Tag, als ich bei Signora Franca war, einer anderen Nachbarin. Ich war zu ihr gegangen, um ihr zu helfen – diesmal war es keine Lüge –, und blieb ein bisschen bei ihr, um mit ihr zu plaudern. Währenddessen kam mein

Vater nach Hause, wo er meine Schwägerinnen vorfand, die Frauen von Nardo und Vito, mit denen ich mich nicht besonders verstand; was wiederum ein Grund für mich gewesen war, zu Signora Franca zu gehen. Als er sah, dass ich nicht zu Hause war, fragte er sie: »Wo ist Giuseppina?«, und sie antworteten:

»Sie ist nicht da ... Es wissen doch alle, wo sich Giuseppina rumtreibt!«

Sie konnten mich genauso wenig leiden wie ich sie und zogen derart über mich her, dass mein Vater äußerst schlecht auf mich zu sprechen war, als ich nach Hause kam. Ohne das Wort an mich zu richten, schlug er mich ins Gesicht, was mir aber mehr seelische als körperliche Schmerzen verursachte. Ich rechtfertigte mich, ohne wütend zu werden:

»Papa, ich war bei Franca. Ruf sie doch an und frag sie, wenn du mir nicht glaubst.«

Mehr musste ich nicht sagen. Er verstand sofort, dass er sich geirrt hatte, und erzählte mir bestürzt, was meine Schwägerinnen über mich erzählt hatten: dass ich nie zu Hause war und mich wer weiß wo und mit wem herumtrieb. Woher wollten sie eigentlich so genau wissen, was für ein Leben ich führte? Sie waren doch Frauen wie ich, warum nur wollten sie mir das Leben so schwer machen?

Von da an hatte ich mit meinem Vater, was Angelo anging, keine Schwierigkeiten mehr, im Gegenteil. Manchmal bat er ihn sogar um Hilfe bei der Feldarbeit. Aber wie lange konnte ich die Sache noch vor meinen Brüdern geheim halten?

Ich hatte mich wirklich verändert: Ich achtete mehr auf meine Kleidung, ein gepflegtes Äußeres und war immer ein bisschen zerstreut und mit den Gedanken woanders.

Eines Tages kam Nardo mich zu Hause abholen, um mit mir raus aufs Land zu fahren. Das allein war noch nichts Besonderes; er tat das häufig, und dies schien ein Tag zu werden wie jeder andere auch. Doch sobald wir im Auto saßen, fing er an, auf mich einzureden, aber ich verstand nicht, worum es ging oder worauf er hinauswollte. Er redete und redete, ausgerechnet er, der sonst so wortkarg war. Er sagte mir Sachen, die ich für selbstverständlich hielt: wie wichtig die Familie war, wie gern er mich hatte und schon immer gehabt hatte; wie sehr er an mir hing und dass ich einer der wichtigsten Menschen für ihn sei. So liebevoll hatte er noch nie mit mir gesprochen, und ich wusste überhaupt nicht, was ich davon halten sollte. Immer wieder fing er davon an, wie wichtig es sei, dass wir zueinander hielten, uns alles erzählten, alles anvertrauten. Ich verstand immer noch nicht, sondern war gerührt und kurz davor, ihm von Angelo zu erzählen. Aber dann ging mir ein Licht auf. Vor mir öffnete sich ein Abgrund. Dann war er plötzlich still. Er sagte nur noch:

»Hoffen wir, dass es nicht so ist, wie ich denke ...«

Er ließ den Satz absichtlich unbeendet. Und ich wusste, dass ich wieder ein Nichts war. Dass Leonardo niemals zugelassen hätte, dass ich mit Angelo noch mit sonst jemandem etwas hatte, dass mein Leben ihm allein gehörte. Daran gab es keinerlei Zweifel.

Schweigend fuhren wir weiter bis Malavarnera. Als wie da waren, hieß er mich aus dem Auto steigen und führte mich zu einem großen Baum. Dann packte er mit einer Hand mein Gesicht und zwang mich, nach oben zu schauen.

»Sieh mal«, befahl er.

Von den Ästen des Baumes hingen an langen Schnüren die steifen Körper von fünfzehn Hunden. Er sagte mir nur, dass ein paar seiner Schafe gerissen worden seien und dass er daher gleich alle streunenden Hunde der Gegend habe büßen lassen. Er habe sie eingefangen und noch lebendig aufgeknüpft.

»Siehst du, was aus ihnen geworden ist? Das kommt davon!«

Ein Strauß roter Rosen

Ob ich ihn liebte? Damals glaubte ich das jedenfalls. Je mehr der Widerstand meiner Brüder gegen Angelo wuchs, desto mehr steigerte ich mich in meine Liebe zu ihm, desto mehr *wollte* ich ihn lieben.

Am 25. Februar 1990 wurde ich achtzehn. Endlich war ich volljährig. Alle gratulierten mir, auch Nardo, Michele und Vito, die sonst nicht mehr mit mir sprachen, und dieses Schweigen war schlimmer als jede Tracht Prügel. Sie hatten sogar eine Feier für mich bei uns zu Hause organisiert. Das hatte ich nicht erwartet, und ich freute mich ehrlich darüber. Angelo schickte mir einen Strauß roter Rosen – achtzehn langstielige Rosen –, der Nardo unter den anderen, unscheinbareren Blumengeschenken, die ich bekommen hatte, natürlich sofort auffiel.

»Und die hier?«, fragte er mich.

Es war mein Geburtstag, und ich hatte wirklich keine Lust auf einen Streit und die Nase voll von der ewigen Fragerei, und so sagte ich, sie seien von Margherita, einer alten Freundin der Familie, und er erwiderte nichts darauf. Er glaubte mir, oder zumindest tat er so. Jedenfalls verlief das Fest ohne Zwischenfälle, bis es an der Tür klingelte. Wer konnte das sein? Es war ausgerechnet Margherita mit ihrem Ehemann, die mit einem großen Blumenstrauß vor der Tür standen. Zum Glück machte ich ihnen auf und konnte ihnen schnell zu verstehen geben, dass sie die Blumen besser verschwinden lassen sollten, und weihte sie kurz ein, für den Fall, dass Nardo noch einmal auf die roten Rosen zu sprechen kommen sollte, aber Leonardo äußerte sich nicht mehr dazu. Nur am Ende des Abends machte er einen Witz darüber, dass ausgerechnet jemand mit einem so blumigen Namen wie Margherita so schöne Rosen verschenkte. Das hätten wir lustig finden sollen, aber keiner von uns lachte.

Ich konnte einfach nicht mehr von morgens bis abends so tun, als wäre nichts. Ich wollte mich nicht mehr verstecken, mich nicht länger unterdrücken lassen, und das merkten sie natürlich. Ich war ihr Eigentum, und sie fanden es unerträglich, dass ich ihnen etwas verheimlichte, sie an der Nase herumführte. Sie hatten keine Beweise, was meine Beziehung zu Angelo anging, aber sie spürten, dass etwas im Gange war, und wollten nicht hinnehmen, dass ich mich aufzulehnen begann. Es war für sie unfassbar, dass ich, eine Frau, noch dazu die Jüngste der Familie, die Nardo immer wie seine eigene Tochter behandelt und die nie Schwierigkeiten gemacht, sich immer gefügig gezeigt hatte, von einem Tag auf den anderen ihre Autorität in Frage stellte; darüber kamen sie nicht hinweg. Es war für sie unfassbar, dass die kleine Giuseppì plötzlich ihren eigenen Kopf hatte und darüber hinaus auch noch mit ihren Eltern und insbesondere mit ihrem Vater unter einer Decke steckte. Ihrer Meinung nach hätte unser Vater als Oberhaupt der Familie eingreifen müssen, er hätte den Faxen ein Ende machen müssen. Er hätte sich durchsetzen und dafür sorgen müssen, dass ich spurte. Sie waren derselben Auffassung wie meine Mutter, oder besser: Meine Mutter war derselben Auffassung wie sie, aber mittlerweile hing ja auch sie mit drin und konnte nichts sagen.

Eines Morgens fuhr ich mit meinen Eltern in unserem kleinen Fiat 126 von Baronia zurück nach Hause. Unterwegs kamen uns Michele und Vito in ihrem Auto aus der anderen Richtung entgegen. Sie hupten und machten uns wild gestikulierend aus dem Fenster klar, dass wir umdrehen und ihnen folgen sollten. Ich saß am Steuer und wendete widerwillig den Wagen: »Was ist denn jetzt schon wieder los?«, murrte ich, denn es verging kein Tag, ohne dass es Ärger gab und sie uns störten. Das kriegten sie wirklich immer sehr gut hin.

Wir kamen als Erste in Baronia an; kaum hatten meine Mutter, mein Vater und ich den Hof betreten, da hörten wir auch schon das Auto meiner Brüder mit quietschenden Reifen heranbrausen. Wutentbrannt stiegen sie aus und begannen mich sofort zu beschimpfen und zu provozieren. Sie waren wirklich gemein und bedrohlich. Sie rissen grobe und ordinäre Witze und brachen in Hohngelächter aus. Auch mir platzte der Kragen, und ich gab ihnen freche Widerworte. Mir war sehr wohl bewusst, was ich da riskierte, aber ich rebellierte trotzdem ganz offen gegen sie. Früher oder später hatte es sowieso passieren müssen. Ich wusste genau, was ich tat, und ich wusste auch, was mir jetzt blühte. Und tatsächlich: Mit verzerrtem Gesicht und jenem eiskalten Ausdruck in den Augen kamen sie auf mich zu; ich schmeckte schon das Blut in meinem Mund, und das Herz pochte bis in die Schläfen. Doch bevor sie Hand an mich legen konnten, stellte Papa sich schützend vor mich. Meine Mutter hatte sich vor lauter Schreck in den letzten Winkel verkrochen und wagte nichts zu sagen. Also traf es meinen Vater. Ihre Wut traf ihn umso härter, als er schon die ganze Zeit nichts gegen mich unternommen hatte. Und wieder ging es um Angelo und darum, dass ich etwas mit ihm hatte. Sie drohten Papa:

»Was willst du, du Nichtsnutz? Du hättest sie längst umbringen müssen, und jetzt müssen wir das tun, weil du es versäumt hast!«

Sie meinten jedes Wort genau so, wie sie es mit geschwollenen Halsadern und aus den Höhlen tretenden Augen brüllten. Es sei seine Aufgabe gewesen, mich zu verprügeln, mich zur Vernunft zu bringen, mich daran zu hindern, die Familienehre weiter mit Füßen zu treten. Und dann schlugen sie los. Sie prügelten ohne Gnade auf uns ein, auf ihn und auf mich.

Jetzt kam auch meine Mutter aus ihrer Ecke hervor und schrie, sie sollten aufhören. Zu sehen, wie Michele und Vito die Hand gegen ihren Vater erhoben, war selbst für sie zu viel des Guten. Aber es nützte alles nichts.

»Sei still, sonst kriegst du auch was aufs Maul!«

Und sie versetzten ihr einen solchen Stoß, dass sie hinfiel, wie ein Lumpen auf der Erde liegen blieb und sich nicht mehr zu rühren wagte. Auch mein Vater und ich lagen schon auf dem Boden, so übel hatten sie uns zugerichtet. Aber sie zwangen uns aufzustehen und schleiften uns zu einem Brunnenschacht in der Nähe, nahmen den Deckel ab, packten uns am Nacken und drückten unsere Köpfe ins Dunkel. Noch heute kann ich die Fäulnis und den schlammigen Dunst riechen, der uns aus der Tiefe des Schachts entgegenschlug, während das Echo unsere Angstschreie und ihre Drohungen zurückwarf:

»Da seht ihr, wo ihr enden werdet!«

Damit ließen sie uns stehen und gingen zu den Ställen. Wir rappelten uns wieder auf, alles tat uns weh, wir waren wie betäubt, verstummt. Und dann kamen sie wieder. Es gibt nichts Schrecklicheres, als einen gerade erlebten Albtraum erneut durchzumachen, sich vorzustellen, wie der eben erst geschundene, noch schmerzende Körper ein weiteres Mal durchgeprügelt wird. Sie hingegen befahlen meinem Vater, ihnen zwei Pferde zu satteln – ein weiteres Mittel, um ihn zu demütigen. Papa gehorchte, sattelte die beiden Pferde und half seinen Söhnen sogar aufzusteigen. Vito galoppierte augenblicklich davon, und mein Vater wandte sich mit Tränen in den Augen an Michele und sagte ihm, welch unwürdige Söhne sie seien, welche Schande es sei, wie sie ihn behandelten, wo sie doch sein Fleisch und Blut seien... Michele nahm Zigaretten und Feuerzeug, warf sie ihm ins Gesicht und ritt wie Vito im Galopp davon.

Ich werde nie die Verzagtheit, den Schmerz, die Demütigung, die Verzweiflung und die Niederlage vergessen, die aus den blauen Augen meines Vaters sprachen. Wir stiegen in unseren Fiat und fuhren schweigend nach Hause, wie geprügelte Hunde.

Ich saß in der Falle. Es war ausgeschlossen, dass meine Brüder meine Verbindung mit Angelo jemals akzeptieren würden. Da half es auch nichts, dass er aus einer anständigen Familie kam, dass er noch nie mit dem Gesetz in Konflikt geraten war, dass man nicht über ihn redete oder dergleichen tat. Anders als bei Micheles erster Freundin. In jungen Jahren hatte er sich mit einem sechzehnjährigen Mädchen zusammengetan, das gerade erst die Schule verlassen hatte. Sie hieß Gemma und war so wunderschön, dass er sich Hals über Kopf in sie verliebte und sie sich auch in ihn. Sie war ihm dann nach Bologna gefolgt und hatte zwei Kinder mit ihm bekommen. Aber wir durften Gemma und die beiden Kinder nicht sehen. Sie hatten kein Recht zu existieren, weil Leonardo es nicht wollte. Michele war zwar ein Mann, keine *fimmina* wie ich, aber es gab Gerüchte im Dorf. Die Leute sagten, Gemmas Mutter sei eine Hure, und daher durften wir mit einer solchen Familie nichts zu tun haben. Michele hatte sich dem eine Zeit lang widersetzt; solange er in Bologna war, klappte das auch, und er war glücklich mit Gemma; als er dann nach Partinico zurückkehrte, traf er sie anfangs heimlich, aber am Ende verließ er sie. Denn wenn du solche Brüder im Nacken sitzen hast, sitzt du einfach am kürzeren Hebel. Aber das war noch nicht das Ende vom Lied.

Mehr oder weniger zur selben Zeit, als ich mit Angelo zusammenkam, verlobte sich Michele mit einer gewissen Anna di Terrasini. Sie sahen sich häufig und waren bald so weit, ihre Hochzeit vorzubereiten, aber auch da stellte sich ihnen Nardo in den Weg. Diesmal gehörte die Familie zwar auch der Mafia an, nur leider dem falschen Flügel. Unsere Familien standen auf verschiedenen Seiten der Cosa Nostra, und damit war es Michele unmöglich, diese Verbindung einzugehen. Zunächst zeigte er sich nicht so fügsam wie beim ersten Mal und versuchte sich seinem Bruder zu widersetzen. Die Auseinandersetzungen nahmen kein Ende. Michele wollte Anna partout nicht aufgeben, bis es schließlich zu Gewalttätigkeiten zwischen Nardo und ihm kam. Immer wenn mein Vater sich einzuschalten versuchte, bekam auch er Prügel ab. Die Situation eskalierte, als Nardo Micheles Volvo in Brand setzte und der beim Versuch, die Flammen zu löschen, beinahe selbst verbrannt wäre. Das Ende vom Lied war, dass Michele die Verlobung mit Anna löste – schlicht und ergreifend, um am Leben zu bleiben. Erst mit über vierzig heiratete er die Frau, mit der er noch heute verheiratet ist. Zu dem Zeitpunkt saß Leonardo aber schon im Gefängnis.

All das wusste ich, und ich verstand nicht, warum ausgerechnet Michele, der doch selbst Ähnliches mitgemacht hatte, mir meine Beziehung zu Angelo dermaßen übel nahm. Ich wusste nicht mehr, was ich tun sollte. Auf der einen Seite liebte ich meine Brüder noch immer abgöttisch, auf der anderen fürchtete ich sie. Während sie ständig ins Gefängnis hinein- und wieder hinauswanderten, fühlte auch ich mich eingesperrt.

Es war der 9. September 1990, und ich war achtzehn Jahre und 196 Tage alt. Vito war nach Rom gefahren, um eine Herde Schafe zu kaufen, Michele war geschäftlich in Bologna. Nur Nardo hielt sich in Partinico auf, war aber gerade nach Malavarnera gefahren, um die Kühe zu melken. Er würde den ganzen Morgen weg sein, würde irgendwo draußen zu Mittag essen und käme sicher nicht vor sieben Uhr abends nach Hause. So machte er es immer. Für mich war das eine Gelegenheit, die ich auf keinen Fall ungenutzt verstreichen lassen wollte, und daher sagte ich zu meiner Mutter:

»Mama, ich gehe ein bisschen mit Angela spazieren.«

Angela war ein Jahr jünger als ich – ich kannte sie schon seit meiner Kindheit. Ich rief sie an und fragte, ob sie Lust habe, ein Eis mit mir essen zu gehen. Kurz vorher hatte ich mit Angelo verabredet, uns in einer Eisdiele in der Nähe des Hauptplatzes von Partinico zu treffen.

Meine Mutter war alles andere als einverstanden, dass ich aus dem Haus ging, und wurde sehr ärgerlich, aber sie konnte mich nicht daran hindern. Meine Freundin wohnte in der Nähe der Eisdiele, und wir gingen gemeinsam dorthin. Unterwegs sammelte uns Angelo im Auto ein. Wenn uns jetzt jemand sähe, wäre ich wenigstens nicht allein mit ihm. Während wir gelangweilt den vorbeigehenden Leuten nachsahen, sagte er plötzlich:

»Hör mal, wollen wir ans Meer fahren?«

Obwohl das Meer nur wenige Kilometer von Partinico entfernt lag, war ich nur wenige Male am Strand gewesen, und zwar mit Nina und ihren Kindern. Ich wäre nicht im Traum auf die Idee gekommen, ohne Wissen meiner Eltern oder meiner Brüder ans Meer zu fahren. Und erst recht hätte ich diesen Wunsch niemals ausgesprochen! Aber an jenem Tag war ich abenteuerlustig und meinte mir den

Spaß erlauben zu dürfen. Wir fuhren nach Grotta Palumma zwischen Città del Mare und Terassini, einem wunderschönen Ort mit riesigen Felsen, die in einer goldenen Bucht steil über strahlend blauem Wasser hingen, und Vorsprüngen, an denen sich die Wellen laut und schäumend brachen. Ich fand es unglaublich, dass es ganz in der Nähe meines Zuhauses einen solchen Ort gab. So etwas konnte ich mir höchstens auf einer tropischen Insel am anderen Ende der Welt vorstellen. Ich war wie verzaubert und verlor darüber jedes Zeitgefühl.

Nardo war eine halbe Stunde, nachdem ich weggegangen war, nach Hause zurückgekommen. Eine der Kühe hatte einen eitrigen Euter, und da Nardo viel zu tun hatte und wieder zurück aufs Land musste, hatte er meine Mutter angewiesen, mich nach Borgetto zur Apotheke zu schicken, um Spritzen und die benötigte Medizin zu besorgen und ihm alles nach Malavarnera zu bringen. Und zwar ein bisschen plötzlich. Davon ahnte ich natürlich nichts und kehrte erst einige Stunden später nach Partinico zurück. Ich ließ mich von Angelo ausgerechnet bei meiner Schwägerin Maria absetzen, also in Leonardos Haus; ich wollte ein paar Minuten mit ihr reden, um mir ein Alibi zu verschaffen. Ich hatte das Haus noch nicht richtig betreten, als meine Schwester Nina mit quietschenden Reifen angefahren kam. Sie saß mit ihrem Mann im Auto und war sichtlich erregt. Wie eine Verrückte schrie sie:

»Steig ein! Steig sofort ein, warum hast du bloß gelogen!«

»Was ist denn los? Ist was passiert?«, fragte ich.

Sie antwortete mir, jetzt erst recht außer sich:

»Steig endlich ein! Nardo steht mit einem Eisendraht zu Hause vor der Tür und will dich erwürgen!«

Dass es ihm ernst damit war, stand außer Frage. Ich flüchtete mich also zu Nina, um nach einem Ausweg zu suchen. Aber es gab kein Entkommen. Mein Bruder hätte keine Entschuldigung oder Rechtfertigung akzeptiert. Er hatte mich überall gesucht und nicht gefunden, er war außer sich vor Wut. Er hatte mich für sehr viel weniger als das schon beinahe umgebracht. Diesmal würde er es wirklich tun.

Also beschloss ich, mich aus dem Staub zu machen. Ich musste Partinico endgültig den Rücken kehren. Das Schicksal hatte es so gewollt. Und wenn dies nun mal mein Schicksal war, dann würde ich meinen Heimatort eben hinter mir lassen, ebenso wie mein altes Leben. Und alle zurücklassen. Ich bat meine Schwester, zu mir nach Hause zu fahren, ein paar Sachen von mir in eine Reisetasche zu packen und sich aus dem Haus zu schleichen, ohne von Nardo gesehen zu werden. Aber Nina wollte nichts davon wissen. Sie sagte, dass es schließlich Angelo gewesen sei, der mit mir ans Meer gefahren sei, und dass er dafür auch die Verantwortung tragen müsse. Ich könne nicht für mich allein entscheiden, schließlich sei es auch nicht allein meine Schuld gewesen. Aber das wollte ich nun wieder nicht, vor allem, weil ich Angelo nicht in Schwierigkeiten bringen wollte. Seine Familie war ohnehin nicht begeistert, dass er mit einer Vitale zusammen war. Erst zwei Tage zuvor hatte seine Mutter ihn auf offener Straße geohrfeigt, nachdem ihr jemand erzählt hatte, wie er uns zusammen gesehen habe. Aber Nina ließ nicht locker. Zum ersten Mal in meinem Leben erschien sie mir entschlossen und unnachgiebig, und sie schaffte es tatsächlich, mich dazu zu bringen, meinen Freund anzurufen und ihm zu erzählen, was vorgefallen war.

Angelo kam sofort. Aber er weigerte sich, zu Leonardo zu fahren und ihm zu erklären, was passiert war. Ich konnte ihn verstehen, auch wenn er sich damit nicht gerade als mutig erwies. Er war dafür, jemanden zu Nardo zu schicken und ihm vorzuschlagen, dass wir uns offiziell verloben würden. Oder ihm zumindest klarzumachen, dass man die Dinge wieder in Ordnung bringen konnte. Aber wir trauten der Idee nicht. Wir überlegten hin und her, ohne auf eine Lösung zu kommen, die nicht in einer Tragödie enden würde. Bis auf eine.

La fuitina

Im Haus von Nina fühlte ich mich wie eine Maus in der Falle. Angelo war auch keine große Hilfe, er hatte selbst Angst. Also bat ich Nina, zu mir nach Hause zu fahren und ein paar Sachen für mich zusammenzupacken. Mir blieb nichts anderes übrig, als mit Angelo durchzubrennen und ein bisschen Zeit verstreichen zu lassen, bis meine Brüder sich vielleicht wieder beruhigen würden. Mit einer *fuitina*, einer kleinen Flucht, wie man in Sizilien sagt, war schon so manche Familienehre wiederhergestellt worden. So machte man das eben. Ich habe später noch einmal darüber nachgedacht: Solange die Frauen nicht gegen ihren Willen entführt wurden – denn das passierte auch –, flohen sie mit ihrem Freund vor allem um seinetwillen; sie taten es für ihn und nahmen es für die Liebe in Kauf, sich gegen ihre gesamte Familie zu stellen. Ich dagegen war von meinen Brüdern besessen. Ich dachte in jenem Moment nicht an Angelo, sondern an Nardo, Michele und Vito ... und an mich. Ich spürte, dass irgendetwas nicht stimmte: Anstatt nach vorn zu schauen, blickte ich zurück, und zwar voller Angst, und das Einzige, was ich in jenem Moment wollte, war, dass dieser Albtraum bald ein Ende hatte. Es war sinnlos, weiter abzuwarten und das Elend damit nur noch zu verlängern.

Angelo ging nach Hause zu seinen Eltern, um ein paar Kleider zusammenzupacken, und lieh sich das Auto seiner Eltern. Nina dagegen stopfte bei meiner Mutter zu Hause einige Sachen in eine Reisetasche, angeblich »ohne jeglichen Verdacht zu erregen«. Das habe ich ihr nie geglaubt: Meiner Mutter entging nie irgendetwas, erst recht nicht, wenn Nina mit einem Koffer das Haus verließ. Sie sagte sicher nur deshalb nichts, weil auch sie wollte, dass der Albtraum ein Ende hatte. Nardo hatte allen in der Familie erklärt, dass er mich bei meiner Rückkehr eigenhändig mit diesem Draht erwürgen würde. Wir hatten keine andere Wahl, als zu fliehen, und meine Mutter sah das genauso.

Bei Einbruch der Dunkelheit brachen Angelo und ich auf. Wir hatten 1 600 000 Lire dabei – 700 000 hatte Angelo beigesteuert, und ich hatte mir 900 000 bei einer Freundin in Terrasini geliehen. Wir fuhren die ganze Nacht hindurch, wobei wir uns am Steuer abwechselten, und setzten mit der Fähre von Messina nach Reggio Calabria über. Von dort ging es über Salerno, Rom und Florenz bis nach Pisa. In Pisa lebte die Verlobte von Angelos Bruder, bei der wir uns einquartierten, nachdem wir zweimal in einer Pension übernachtet hatten. Wie es mir ging? Ich weiß es nicht. Ich war müde und durcheinander, Angelo und ich fühlten uns wie zwei Fische auf dem Land, so weit weg von zu Hause. Die Verlobte von Angelos Bruder war sehr nett zu uns, wir hatten ihr unsere Situation erklärt. Aber das verschaffte uns keine Erleichterung. Unsere Angst und unsere Schuldgefühle waren mit uns gereist und verfolgten uns weiterhin. Wollten wir wirklich auf dem Festland bleiben, wollten wir für immer Sizilien und unsere Familien hinter uns lassen? Wir hatten geglaubt, mit unserer Flucht einen Ausweg gefunden zu haben, und mussten feststellen, dass wir uns damit nur in noch größere Schwierigkeiten gebracht hatten.

Die Einzige, mit der ich telefonierte, war Nina; sie berichtete mir, wie die anderen es aufgenommen hatten.

Sie erzählte vor allem von Nardo. Als er begriff, dass ich davongelaufen war, bekam er vor lauter Wut vierzig Grad Fieber und höllische Kopfschmerzen, die ihn zwangen, mit kalten Umschlägen das Bett zu hüten. Er konnte sich nicht beruhigen, fühlte sich verraten, hinters Licht geführt, für dumm verkauft. Daran hatte ich nicht gedacht. Ich hatte geglaubt, dass unsere *fuitina* alles wieder in Ordnung bringen und die Familienehre wiederherstellen würde, nicht aber dass sie Leonardo gesundheitlich schaden könnte. Von nun an betrachtete er mich sicher nicht mehr als seine Tochter. Oder anders gesagt: Wenn man davon ausging, dass er über mich verfügte, dann würden die Leute jetzt denken, dass er mich nicht unter Kontrolle hatte. Und das wäre das Schlimmste für ihn. Denn wenn er nicht in der Lage war, die Frauen in seiner Familie im Zaum zu halten, was war er dann für ein Mann? Für ein *Ehren*mann? Ja, Nardo machte mittlerweile Karriere in der Cosa Nostra, und ein Vorfall wie dieser schadete seinem Ansehen. Denn wenn die Leute dächten, Nardo ließe sich von seiner kleinen Schwester an der Nase herumführen, dann doch erst recht auch von anderen ... Außerdem, je weniger man über die Vitales sprach, desto besser, aber so redete das ganze Dorf über uns. Wie ich übrigens später von Nina erfuhr, lag Nardo genau zu der Zeit, als ich weglief, mit Michele im Clinch wegen der Geschichte mit Anna di Terrasini. Er hatte also mit der ganzen Familie Ärger. Und nicht nur mit ihr.

Es hing eine seltsame Stimmung in der Luft. Nicht einmal zwei Wochen nach meiner Flucht, am 21. September 1990, tötete die Cosa Nostra Rosario Livatino, einen sehr jungen Richter aus Agrigento. Für uns war er nur »ein Bulle weniger«, aber die Zeitungen berichteten, dass der *giudice raggazzino*, wie sie ihn nannten, wie ein Vieh abgeknallt worden war. Man hatte seinen Wagen auf der Straße angehalten, und er hatte zu Fuß zu fliehen versucht. Also verfolgten und erschossen sie ihn. Der eigentliche Skandal aber bestand darin, dass er keinen Personenschutz hatte. In Rom hatten Politiker, die im Auto unterwegs waren, immer eine Eskorte von mindestens zwei Wagen dabei, Livatino dagegen war allein unterwegs gewesen. Dementsprechend aufgebracht waren die Richter Siziliens und drohten mit Streik, wenn man ihnen nicht ab sofort Schutz gewährte. Dass die Bullen ungehalten waren, mochte ja noch angehen. Aber der ganze Rummel um die Politik war äußerst störend, denn die Cosa Nostra stand kurz vor ihrem ersten »Maxi-Prozess« und konnte keinen Ärger mit Politikern gebrauchen.

Nach meiner Verhaftung hat man mich so oft gefragt, ob ich von den Verstrickungen zwischen Politik und Mafia wusste. Ich weiß wenig darüber, aber unterschwellig war das Thema bei uns zu Hause immer präsent. Man wusste davon, durfte aber nichts wissen... Die Politik war wie die heilige Muttergottes: Wenn man partout nicht mehr weiterwusste, wenn alles zum Schlechtesten stand, war die Politik die letzte Hoffnung. Und für den Maxi-Prozess brauchte es mehr als nur die Hilfe der Madonna! Es waren Falcone und sein Freund Borsellino, die die ganze Sache lostraten, nachdem Don Masino, also Tommaso Buscetta, und Totuccio Contorno angefangen hatten zu reden. Ihre Aussagen umfassten 8607 Seiten, und als in Palermo der erste Maxi-Prozess begann, gab es 474 Angeklagte. Etwas Derartiges war noch nie da gewesen, noch nie hatte es einen so riesigen Mafia-Prozess in Palermo gegeben, und erst recht keinen, der so schnell durchgezogen worden war. Die Verhandlung begann am 10. Februar 1986, und am 16. Dezember 1987 war der Prozess bereits beendet.

360 Angeklagte wurden zu insgesamt 2665 Jahren Gefängnis verurteilt, und darin sind die lebenslänglichen Urteile noch nicht einmal enthalten. Die »Unseren« waren alle dabei: *Zu* Totò *'u curtu* alias Totò Riina, *Binnu 'u tratturi* alias Bernardo Provenzano, Leoluca Bagarella, genannt *zu Luchino,* und Luciano Liggio, genannt *Lucianeddu.* Die Cosa Nostra hatte nicht daran geglaubt, dass es so enden könnte. Man dachte, das Ganze sei nichts als eine Komödie, eine Farce, eine Inszenierung. Dass es natürlich nach all den Toten der *mattanza* einen Prozess geben musste, aber die Verurteilungen in den folgenden Berufungsverfahren oder in den höheren Instanzen sicher wieder aufgehoben werden würden. Und um dieser Einschätzung Ausdruck zu verleihen, brachte man am 25. September 1988 den zuständigen Berufungsrichter Antonio Saetta und seinen Sohn um. Dies schien nicht ganz wirkungslos zu sein, denn im Jahr 1990 hob das Schwurgericht in Palermo tatsächlich das eine oder andere Urteil wieder auf, allerdings kein Lebenslänglich der »Unseren«; und vor allem dementierte es das von den Zeitungen sogenannte Buscetta-Theorem, dem zufolge die Cosa Nostra nur einen Kopf habe und es eine oberste Kommission gebe, die die Befehle ausgab, Todesurteile aussprach und dergleichen. Die endgültige Entscheidung blieb dem Revisionsgericht vorbehalten, der berühmten letzten Instanz. Hier sollten die Würfel fallen. In diese Zeit und Atmosphäre fiel meine Flucht; es konnte also noch niemand wissen, wie es 1992 ausgehen würde, dass nämlich das Berufungsgericht alle Urteile des Schwurgerichts wieder aufheben, endgültig für rechtskräftig erklären und das Buscetta-Theorem bestätigen sollte, nach dem es wirklich eine alles entscheidende zentrale Kommission gab und die Abtrünnigen die Wahrheit gesagt hatten.

In Pisa ging mir vieles durch den Kopf, Gedanken, die ich mit niemandem teilen konnte, auch nicht mit Angelo. Noch heute frage ich mich, was Leonardo damals wirklich zugesetzt hat; ob er Fieber bekommen hatte, weil er nur an sich und seine Stellung innerhalb der Cosa Nostra dachte oder weil er mich liebte und es nicht aushielt, dass ich so weit weg von ihm war. Jedenfalls litt er weit weniger, als seine wirkliche Tochter Maria mit achtzehn ebenfalls mit ihrem Freund durchbrannte. Von Pisa gingen Angelo und ich dann nach Bologna, wo es wieder Micheles ehemaliger Geschäftspartner Giuseppe war, der uns sehr freundlich aufnahm. Aber auch dort wurden wir nicht glücklich. Je länger wir auf der Flucht waren, desto mehr sehnten wir uns nach Sizilien und desto mehr musste ich daran denken, wie es meinen Brüdern wohl gehen mochte. Uns blieb nichts als die Hoffnung, dass sie sich mit der Zeit wieder beruhigen würden. Nach einem Monat entschlossen wir uns, nach Partinico zurückzukehren. Wir zogen zu Angelos Familie, weil wir dort noch am ehesten in Sicherheit waren. Jedenfalls machte uns die Wut meiner Schwiegermutter in spe weniger Angst als die meiner Brüder, auch wenn Signora Caleca (Caleca war Angelos Nachname) ihrem Sohn zur Begrüßung zwei schallende Ohrfeigen verpasste und nicht sehr viel mehr sagte als:

»Bravo!!! Gut gemacht!!!«

Zu mir sagte sie gar nichts, sie ignorierte mich einfach. Aber den giftigen Blicken, die sie mir zuwarf, konnte ich nur allzu deutlich entnehmen, dass sie mir am liebsten den Hals umgedreht hätte. Auch das habe ich nie verstanden. War sie nicht wie ich Sizilianerin? War denn alles allein meine Schuld? Die Frauen zählen bei uns nicht viel, aber schuldig machen sie sich dafür umso mehr, und zwar auch in den Augen der anderen Frauen. Wie dem auch sei, wir mussten dort bleiben, denn zu mir nach Hause konnte ich unmöglich gehen. Nardo, Michele und Vito wollten nichts mehr von mir wissen, das hatten sie überall kundgetan. Aber stimmte es auch? Ich liebte sie immer noch und konnte mir nicht vorstellen, dass sie mich nicht mehr mochten. Natürlich mussten sie mich bestrafen, aber was hatte das damit zu tun, dass wir Geschwister waren und uns lieb hatten? Jahre später, als ich 2005 abtrünnig wurde und im Gefängnis saß, musste ich wieder daran denken, wie ich mich damals gefühlt habe. Leonardo, der zu dem Zeitpunkt auch inhaftiert war, verstieß mich als seine Schwester, ich war für ihn ein »giftiges Insekt« geworden, mit dem seine Familie nichts mehr zu tun haben wollte. Aber vielleicht blieb ihm kein anderer Weg, um zu verhindern, dass die ganze Familie mit in den Schmutz gezogen wurde. Es war seine Weise zu zeigen, dass die Familie ihm heilig ist, seine Weise, sie vor der Rache zu schützen, die Familien trifft, wenn eines ihrer Mitglieder zum »Verräter« wird. Und ich frage mich: Wenn er damals, nach meiner Flucht, darüber hinweggekommen ist, warum kann er es heute nicht wieder tun?

Tatsache ist jedenfalls, dass meine Brüder noch drei Monate nach meiner *fuitina* weder mit mir sprechen noch mich sehen wollten. Und ich saß bei Angelo zu Hause und fühlte mich elend. Ich spürte, dass man mich auch dort nicht haben wollte, dass man nicht wusste, wie man mit der Situation umgehen sollte. Wenn die Familie das Haus verließ, sahen die Leute sie schief an und redeten schlecht über sie. Ich bemühte mich, zuvorkommend zu Angelos Mutter zu sein, sie ein bisschen zu erheitern, mit ihr ins Gespräch zu kommen. Aber es war nichts zu machen, sie war wie eine Mauer. Also klammerte ich mich an Angelo, der damals der Einzige war, der mich nicht hasste, dabei ging es auch ihm nicht gut; er hatte Angst vor den Fardazza, und das konnte ich ihm nicht verübeln.

Eines Tages plauderte ich mit Angelos Vater vor der Tür. Er stand noch im Haus, hinter der Türschwelle, und ich saß davor auf einem Stuhl. Angelos Vater redete mit mir, daher wollte ich zu ihm besonders nett sein. Ich fragte ihn, ob er einen Kaffee wolle, und als ich mich gerade erhob, sah ich aus dem Augenwinkel, wie sich von der Straße her ein Lastwagen auf uns zubewegte. Es war ein Tiertransporter, und je näher er kam, desto schneller wurde er. Im Bruchteil einer Sekunde wurde mir klar, dass es ein Laster meiner Brüder war, und am Steuer erkannte ich Vito, der, je näher er kam, den Motor aufheulen ließ und in einem irrsinnigen Tempo weiter auf mich zuraste. Ich schaffte es gerade noch, zur Seite zu springen, als der Lastwagen schon den Stuhl erfasste und das, was von ihm übrig war, mit sich riss, bis er an der nächsten Straßenkreuzung um die Ecke verschwand. Alles war so schnell und mit einer solchen Brutalität passiert, dass mein zukünftiger Schwiegervater und ich wie gelähmt waren und nicht wussten, was wir sagen sollten. Was hätte es auch zu sagen gegeben? Meine Brüder waren eben so, da war nichts zu machen. Nach diesem Vorfall beschlossen Angelo und ich zu heiraten. Damit hätten wir zumindest unsere Beziehung legalisiert, und wenn die Leute erst aufgehört hätten zu reden, würden Nardo, Michele und Vito vielleicht wieder bereit sein, Kontakt mit mir aufzunehmen. Ich wollte mich einfach nicht damit abfinden, dass ich für meine Brüder nicht mehr existierte, dass sie mich nicht mehr liebten.

Die Hochzeitsvorbereitungen lenkten mich ein bisschen ab; dann mussten meine beiden Schwiegereltern wegen gesundheitlicher Probleme ins Krankenhaus, und Angelo und ich verbrachten einen friedlichen Monat, ohne all die

Verwandten um uns herum. Vielleicht war das unsere glücklichste Zeit. Eines Morgens – Angelos Vater war aus dem Krankenhaus entlassen worden, und ich begleitete ihn zu einer Nachuntersuchung zum Arzt – traf ich Leonardo. Die Arztpraxis befand sich unweit des Polizeireviers, und als wir daran vorbeigingen, bemerkte ich auf dem Parkplatz ein Auto, an dessen Steuer Nardo saß. Er stand unter Polizeiaufsicht und musste im Revier seine tägliche Unterschrift leisten. Er war wegen eines Mordes in der Provinz Trapani ein paar Jahre zuvor zu einer lebenslänglichen Haftstrafe verurteilt worden und wartete nun auf sein Berufungsverfahren. Bis dahin war er auf freiem Fuß, musste aber jeden Tag im Kommissariat vorstellig werden. Mir rutschte das Herz in die Hose, und ohne lange nachzudenken, ging ich zu seinem Auto und sagte durch das Fenster:

»Wie lange soll das noch so gehen?«

Er sah mich nicht einmal an und sagte schmallippig:

»Verschwinde von hier!«

Aber ich wollte ihn nicht so einfach ziehen lassen und insistierte:

»Entschuldige, aber was passiert ist, ist passiert. Das Kind ist in den Brunnen gefallen. Es ist also sinnlos, dass du immer noch böse auf mich bist. Du weißt doch, wie lieb ich dich habe... und wie schwer es mir fällt, von dir getrennt sein...«

Und er: »Ach ja? Und was würdest du anstellen, wenn du mich weniger lieb hättest? Bravo, wirklich! Toll gemacht.«

Ich öffnete die Autotür und schlang die Arme um seinen Hals:

»Komm schon, drück mich, bitte...«

Es dauerte ein bisschen, er wollte unbedingt hart bleiben, aber am Ende gab er sich geschlagen und umarmte mich. Also fragte ich ihn:

»Darf ich jetzt wieder nach Hause kommen?«
»Na gut, du kannst heute Abend zu Besuch kommen. Und deinen Mann kannst du auch mitbringen.«

Ich konnte es kaum fassen: Ich hatte mich tatsächlich mit Nardo versöhnt, der Albtraum war vorbei. Als Angelo und ich am Abend zu ihm gingen, verhielt er sich, als sei nichts gewesen. Man hatte eine Torte und Süßigkeiten für uns vorbereitet, und man merkte Nardo an, dass auch er erleichtert war. Schließlich begann er sogar über meine *fuitina* zu scherzen, und später legte er auf dem Sofa wieder den Kopf auf meine Beine, so wie er es früher im Haus unserer Eltern immer gemacht hatte. Alles schien wieder so zu sein wie früher, jedenfalls mit Leonardo, denn Vito dachte nach wie vor nicht daran, Frieden mit mir zu schließen. Zwischen zwei Gefängnisaufenthalten zog er sogar zu meinen Eltern, nur um zu verhindern, dass ich sie besuchte. Aber so konnte es nicht weitergehen. Wenn Nardo sich mit mir vertragen hatte, mussten das früher oder später auch die anderen beiden tun. Und so kam es auch. Langsam, langsam nahm ich sowohl zu Vito als auch zu Michele wieder Kontakt auf, und als ich am 27. April 1991 in der Chiesa Madre an der Piazza Duomo in Partinico heiratete, waren meine Brüder alle drei anwesend – ein ganz besonderes Ereignis, es sollte das letzte Mal gewesen sein. Nardo stand noch immer unter Polizeiaufsicht und durfte Partinico nicht verlassen, Vito war gerade draußen, und Michele hatte derzeit gar kein Verfahren anhängig. Auf dem Hochzeitsfoto, auf dem sie mich einrahmen, sehen auch sie glücklich aus. Es war, als wäre die Zeit stehen geblieben. Es herrschte eine seltsame Ruhe zwischen uns, und in Sizilien weiß man, dass eine solche Ruhe immer vor dem Sturm kommt.

Kannibalen

Ich war dick geworden. Vor lauter Kummer hatte ich dreißig Kilo zugenommen. Weil wir noch kein eigenes Heim hatten, lebten wir auch nach der Hochzeit weiterhin bei Angelos Eltern, aber die Situation besserte sich nicht, im Gegenteil. Meine Schwiegermutter machte mir das Leben schwer, sie mochte mich nicht und konnte mir nicht verzeihen, dass ich ihr den Sohn genommen hatte. Darüber hinaus verübelte sie mir, dass sie nun mit den Vitales verwandt war. Dabei gab ich mir die größte Mühe, nett zu ihr zu sein. Ich spendete sogar Blut für sie, als sie einmal wegen einer Lungenembolie ins Krankenhaus musste. Alles vergebens. Mit meinem Schwiegervater verstand ich mich etwas besser, aber richtig wohl fühlte ich mich mit keinem von ihnen. Es war alles so anders als bei uns zu Hause, und so fing ich an, mich auch mit Angelo zu streiten. Ich erinnere mich noch gut an Weihnachten 1991, als er mir nach einem Streit mit einem Schlüsselbund ins Gesicht schlug. Ich hatte mich über seine Mutter beklagt, und er beschwerte sich einmal mehr über meine Brüder und darüber, dass ich so an ihnen hing. Leonardo rief mich mittlerweile wieder an und bat mich um Gefälligkeiten oder darum, ihm bei der Feldarbeit zu helfen; ich tat das gerne, nicht nur weil ich ihn mochte, sondern auch weil ich das Gefühl hatte, dass er mich nach meiner Flucht mehr respektierte als vorher. Er behandelte mich nicht mehr wie ein Kind. Nicht, dass man mit ihm hätte diskutieren können, das nicht. Ich musste – so wie ich es immer schon getan hatte – tun, was er sagte. Aber ich fühlte mich, als sei ich befördert worden. Vito war in der Zwischenzeit wieder inhaftiert worden, diesmal in Trapani, und wir fuhren ihn besuchen, brachten ihm alles, was er brauchte, und redeten mit seinen Anwälten. Sicher, auch er hatte eine Frau, aber in wichtigen Angelegenheiten wandten sich sowohl Nardo als auch Vito an mich. Meinen beiden Schwägerinnen schmeckte das ganz und gar nicht, genauso wenig wie Angelo, der sehr schnell gemerkt hatte, dass er, obwohl wir verheiratet waren, erst nach meinen Brüdern kam. Wenn Nardo, Vito oder Michele nach mir verlangten, ließ ich alles stehen und liegen und lief los, egal, ob ich gerade am Herd stand und eine Pasta zubereitete oder schon im Schlafanzug im Bett lag. Mein Mann murrte, protestierte und stritt sich mit mir, erreichte damit aber rein gar nichts: Ich eilte zu meinen Brüdern, die mich vielleicht auch deshalb so häufig um Hilfe baten, weil Angelo anders war als sie, sie ihn nicht respektierten und ihm das auf diese Weise zu verstehen gaben. Ich war ihr Eigentum, nicht seines, auch wenn ich ein Kind von Angelo erwartete.

Es passierte Ende des Jahres 1991 und kam für mich ziemlich überraschend. Man hatte mir wegen gynäkologischer Beschwerden Kortison verschrieben, was angeblich eine Schwangerschaft erschwerte. Ob dem so war oder nicht, ich erwartete jedenfalls ein Baby, und von dem Kortison ging ich auf wie ein Hefekuchen. Ich aß und aß; manchmal nahm ich an nur zwei Tagen ein ganzes Kilo zu. Ich war nicht mehr ich selbst. Ich benahm mich immer noch wie ein Junge, ging reiten, fuhr Motorrad. Ich war schließlich erst zwanzig, und es kam mir unfassbar vor, dass ich plötzlich nicht mehr tun sollte, was ich schon immer getan hatte, nur weil ich jetzt verheiratet war und ein Kind bekam. Einerseits freute ich mich auf das Baby, andererseits hatte ich Angst, und zwar nicht nur vor der Geburt. Ich dachte darüber nach, wie ich war und wie meine Mutter war. Wir waren so unterschiedlich, und ich fürchtete, nun auch so werden zu müssen wie sie. Ich konnte es mir einfach nicht vorstellen. Aber mit wem hätte ich über diese Dinge reden sollen? Über die Geburt konnte ich mit meinen Nachbarinnen oder meiner Schwester Nina sprechen, obwohl dabei nicht sehr viel herauskam. Doch darüber, wie es mir ging, wie unglücklich und verwirrt ich war, mit wem hätte ich darüber reden sollen? Mit meinen Eltern konnte man über derlei Dinge nicht sprechen, ganz zu schweigen von meinen Brüdern; meine Schwiegermutter hasste mich, mit Angelo stritt ich nur noch, obwohl wir uns nicht einmal richtig kannten. Blieb nur Nina, aber auch sie verstand mich nicht wirklich. Für sie waren die Dinge entweder schwarz oder weiß, dazwischen gab es nichts. Sie war der Meinung, ich müsse mir die Flausen aus dem Kopf schlagen. Ich war nun verheiratet und erwartete ein Kind; wenn das erst einmal da sei, hätte ich sowieso alle Hände voll zu tun und würde keine Zeit mehr haben, über meine schlechte Laune nachzudenken.

Schlechte Laune?! Ich litt, und ich konnte nicht einmal genau sagen, warum. Und ich war sehr wütend. Am meisten regten mich meine Schwägerinnen auf, die mit ihrem ewigen Geschwätz keine Gelegenheit verstreichen ließen, Zwietracht zwischen mir und meinen Brüdern zu säen. Vielleicht waren sie eifersüchtig, vielleicht auch nur bösartig, aber ich hatte immer das Gefühl, sie wollten mich für etwas büßen lassen, von dem ich selbst nicht wusste, was es war.

Eines Tages ließen mir Nardo und Vito, der wieder aus dem Gefängnis entlassen worden war, ausrichten, ich solle gemeinsam mit Nina und meiner Mutter aufs Land nach Malavarnera fahren. Ich wusste, das war ein Befehl und verhieß nichts Gutes. Also bat ich Angelo, mich zu begleiten, denn ich war im vierten Monat schwanger. Ich wies ihn jedoch an, sich im Hintergrund zu halten und uns auf keinen Fall zu nahe zu kommen. Auch Nina hatte ihren Mann, der sie gefahren hatte, gebeten, im Auto zu bleiben. Natürlich entging Vito unsere Strategie nicht. Er sah uns kommen und wusste sofort, dass unsere Ehemänner nicht aussteigen würden, weil wir es ihnen verboten hatten. Statt einer Begrüßung sagte er drohend:

»Schade, dass sie nicht mitkommen wollen. Für die hätte ich auch noch was vorbereitet!«

Nardo war ebenso wütend, und so polterten sie beide los und beschimpften uns wegen irgendeiner Sache, die ihre Frauen ihnen erzählt hatten; wir hatten keine Ahnung, wovon sie redeten. Bis heute weiß ich nicht, worum es ging. Aber die Situation eskalierte immer mehr, bis meine Mutter sich vor Leonardo stellte:

»Siehst du nicht, dass deine Schwester schwanger ist? Hast du nicht einmal dafür Verständnis? Lass es gut sein. Sieh doch, in welchem Zustand sie ist. Denk doch bitte an das ungeborene Kind...«

Auch ich wollte mich wehren, und bevor Nardo etwas sagen konnte, forderte ich ihn offen heraus:

»Um mich geht es hier doch gar nicht! Uns interessiert vielmehr, was meine Schwägerin Mariella dir erzählt hat! Das würde uns interessieren!«

Das war zu viel des Guten. Blind vor Wut griff Leonardo nach einem Rebstock, der zufällig in der Nähe lag, und ging damit auf mich los wie ein Wilder. Mama und Nina gelang es tatsächlich, dazwischenzugehen, aber er verabreichte mir immerhin eine mächtige Ohrfeige mitten ins

Gesicht, hart wie ein Knüppelschlag. Der blaue Fleck hielt zwei Wochen.

Dann wurde Francesco geboren, und eine Zeit lang vergaß ich mein Unglück. Er wog drei Kilo und zweihundert Gramm, war unglaublich groß und hatte zwei riesige runde Augen, die mich erstaunt ansahen. Er rief eine ungeheure Zärtlichkeit in mir hervor. Ich, die selbst noch so kleine Giuseppì, war Mama geworden. Ein Jahr später, im August 1993, kam meine Tochter Rita zur Welt, und ich wurde zum zweiten Mal Mama. Ich war sehr glücklich, weil ich jetzt endlich eine eigene Familie hatte. Meine Schwiegermutter konnte mir nichts mehr anhaben, ebenso wenig wie meine Schwägerinnen; nur meine Brüder gingen mir nicht aus dem Sinn, obwohl ich es gern gehabt hätte.

Das Verhängnis der Vitales war Artikel 416 b der italienischen Strafprozessordnung, wonach jeder, dem die Zugehörigkeit zur Mafia bewiesen werden kann, schnurstracks ins Gefängnis wandert. Zuerst erwischte es Michele, dann Vito. Michele war in einen Prozess in Bologna verwickelt, der gegen den Onkel von Totò *'u curtu*, Giacomo Riina, geführt wurde, den man dort festhielt. Man warf Michele vor, mit ihm in Kontakt gestanden zu haben. Das stimmte zwar nicht – es handelte sich um eine Namensverwechslung –, führte aber dazu, dass er erst einmal ein paar Monate im Gefängnis saß, bevor man ihn freisprach. Als Vito ein neuer Haftbefehl zugehen sollte, warnte ihn jemand rechtzeitig, und so gelang es ihm unterzutauchen. Seine Freiheit währte aber nur kurz. Er hielt sich in Biddiemi versteckt, ganz in der Nähe von Baronia, wo auch die Ländereien meines Vaters waren, irgendwo zwischen Partinico und San Giuseppe Jato. Die Gegend ist sehr ländlich, aber schon etwas höher in Richtung des Mirto-Gebirges gelegen, und Vito hatte seine beiden großen Bernhardiner-Hunde mitgenommen, die ihm ein gewisser Rocco aus Rom einmal geschenkt hatte, bei dem er seine Schafe kaufte. Er hatte sie schon als Welpen bekommen, und sie folgten ihm überallhin. Sie waren sehr anhänglich und heulten sogar, wenn er nicht da war. Also hatte Vito, der nicht zuletzt sehr tierlieb ist, sie nach Biddiemi mitgenommen. Unsere Aufgabe zu Hause war es, ihm zu bringen, was er brauchte, und vor allem, die Augen und Ohren offenzuhalten, um seinen Unterschlupf nicht zu verraten.

Eines Morgens brach eine Flut von Mannschaftswagen mit Carabinieri über Partinico herein. Einige trugen Uniform, andere waren in Zivil, manche sogar vermummt. Ein wahrhaft beeindruckender Aufzug: Nie mehr habe ich so viele Carabinieri auf einem Haufen gesehen. Wir bemerkten schnell, dass sie in Richtung von Vitos Versteck unterwegs waren. Und so setzten meine Mutter, Nina und ich uns sofort in Bewegung. Weniger aus Angst, sie könnten ihn fassen, als vielmehr, weil wir fürchteten, er könnte verletzt oder getötet werden. Denn in Fällen wie diesen versuchte mein Bruder gewöhnlich zu fliehen, und unter den Verfolgern ist gerne einer, der den Finger nahe am Abzug hat. Immer wenn er im Begriff war unterzutauchen, riet meine Mutter ihm:

»Sei auf der Hut. Wenn sie dich finden, lauf nicht davon. Flüchte nicht. Auch wenn sie dich fassen, ergib dich einfach, und basta.«

Vielleicht hatte Vito ihren Rat diesmal befolgt, denn als wir in Biddiemi eintrafen, hatten sie ihn schon gefasst; wir sahen ihn in Handschellen auf dem Rücksitz eines Jeeps sitzen, der langsam die nicht asphaltierte Straße entlangruckelte. Es ist seltsam, aber wenn ich an diesen Tag zurückdenke, kommen mir die vielen Polizeiautos und vor allem die Hunde meines Bruders in den Sinn. Sie liefen hinter dem Jeep her, in dem Vito saß, und winselten, sie wollten nicht von ihrem Herrchen getrennt werden. Besonders einer von ihnen klebte quasi am Wagen, und obwohl Vito ihm befahl, zurückzubleiben, rannte er immer weiter und heulte wie ein Schlosshund. Er hatte begriffen, dass Vito etwas Schlimmes zustieß, und wollte sich nicht damit abfinden. Er gab so lange nicht auf, bis die Carabinieri meinem Bruder erlaubten, auszusteigen und den Hund zu beruhigen.

Wir haben die Hunde dann mit zu uns nach Hause genommen, wo sie aber nicht mehr fressen wollten und immer schwächer wurden. Nach einem Monat sind sie beide gestorben; die Erinnerung daran tut mir heute noch weh. In meinem Inneren bin ich eins mit Vito, und wenn ich heute an jenen Tag zurückdenke, kann ich nicht mehr sagen, ob ich damals um meinen Bruder oder um seine Hunde weinte. Ich weiß aber noch, dass ich über diesen Vorfall all meinen Groll und Ärger gegen Vito vergaß, den er so oft in mir hervorgerufen hatte. Er war wieder mein Bruder, der zu Unrecht von der Justiz verfolgt wurde, und mir kamen nur noch seine guten Seiten in den Sinn, vor allem die Liebe, die er seinen Tieren immer entgegengebracht hatte. Und eine andere Begebenheit, die ich bis dahin ganz vergessen hatte: Sie hatte sich an einem Tag zugetragen, an dem wir zum Gericht nach Palermo fuhren, um einem Prozess gegen Nardo beizuwohnen. Auf den Stufen vor dem Gerichtsgebäude stand eine Zigeunerin mit zwei sehr kleinen Kindern, die um Almosen bettelte. Zu der Zeit hatten wir selbst nicht viel Geld, wir schlugen uns gerade so durch, aber Vito gab der Frau alles, was er in der Tasche hatte: einen 50 000-Lire-Schein. Ich konnte es nicht fassen und fragte ihn:

»Und was sollen wir jetzt machen?«

Und er antwortete gelassen:

»Mach dir keine Sorgen ... Im Moment braucht sie das Geld nötiger als wir.«

In meine Traurigkeit und mein Mitgefühl für Vito mischte sich damals aber noch etwas anderes, eine Sorge, die ich, so gut es ging, verdrängen wollte, die mich aber dennoch im Inneren verzehrte: Ja, es waren die Bullen und die Justiz, die in unseren Augen alles andere als gerecht waren und ihn uns weggenommen hatten, aber das hielt unsere Wut am Leben und schweißte uns nur noch fester zusammen. Außerdem wussten wir, woher die Gefahr drohte: Auf der einen Seite stand die Polizei, auf der anderen wir. Aber in der Cosa Nostra von *zu* Totò waren die Verhältnisse nicht so klar. Die Vitales standen auf der Seite der Corleonesi, doch damit allein war es nicht getan. Bei Totò Riina musste man sich ins Zeug legen, damit er sehen konnte, dass man besser war als die Geracis oder die Lo Iaconos, zwei andere Familien in Partinico. Aber man durfte es auch nicht übertreiben. Denn selbst wenn man dazugehörte, konnte er einen jederzeit beseitigen lassen, sobald man übermütig wurde. Nicht einmal im Gefängnis war man sicher vor ihm, auch dort konnte er einen »auslöschen«, wie sie das nannten. Alle kannten die Geschichte von Pino Greco, genannt *Scarpuzzedda,* und Vincenzo Puccio. Francesco Marino Mannoia, ein Abtrünniger, der im Auftrag der Badalamentis, Bontades und Inzerillos mit Heroin gehandelt hatte, erzählte sie später den Richtern. Und auch wenn Nardo und Vito nicht darüber sprachen, wussten sie sehr wohl, dass *zu* Totò nach der *mattanza* begonnen hatte, diejenigen seiner Leute umbringen zu lassen, die ihm dabei geholfen hatten, die mit ihm verfeindeten Palermitaner aus dem Weg zu räumen. Pino Greco *Scarpuzzedda* war der Sohn von Michele Greco, wegen seines Verhandlungsgeschicks zwischen den Familien auch »der Papst« genannt; er hatte Dutzende Leute ausgelöscht und es damit zum Bezirkschef von Ciaculli gebracht. Er war es, der den »Falken« Stefano Bontade und Salvatore Inzerillo umbrachte. Er war es, an den Riina sich wandte, wenn er jemanden brauchte, dem er blind vertrauen konnte. Und *er* war unter anderem an der »Operation Carlo Alberto« beteiligt, bei der am 3. September 1982 der Anti-Mafia-Präfekt Dalla Chiesa und seine Frau ums Leben kamen. *Scarpuzzedda* wurde zum Mythos unter den Mafiosi. Unzählige Legenden kursierten über ihn – aber man wusste nie, welche davon der Wahrheit entsprachen. Es hieß zum Beispiel, dass er, bevor er den Sohn von Salvatore Inzerillo tötete, ihm den rechten Arm abtrennte, weil er damit gedroht hatte, *'u curtu* mit eigenen Händen zu erwürgen. Oder dass er in der Via Carini in Palermo auf ein Auto gesprungen war, um besser auf Dalla Chiesa zielen zu können. Jedenfalls vergötterten seine Leute ihn, aber in Riinas Augen spielte sich *Scarpuzzedda* zu sehr auf. Er wurde mehr und mehr zum *crasto* (sizilianisch für »Hammel«), immer gieriger, machte eigene Geschäfte, ohne Riina darüber zu informieren, genau wie dieser selbst es gemacht hatte, als er noch ein »Bauer mit schlammverdreckten Schuhen« gewesen war. 1985 ließ er ihn von seinen besten Freunden umbringen: Giuseppe Lucchese (*Lucchiseddu*) und Vincenzo Puccio. Das war eine so böse Sache, dass niemand davon erfahren sollte und man das Gerücht streute, *Scarpuzzedda* habe sich nach Amerika abgesetzt.

Aber Puccio kannte die Wahrheit. Heute hatte es einen anderen erwischt, aber schon morgen konnte es sein, dass man selbst daran glauben musste. Wenn man weder Freunden, Partnern noch seinem Boss trauen konnte – war man dann nicht verloren? Ich weiß nicht, warum, aber als

Vincenzo Puccio ein Jahr später im Gefängnis landete, setzte er sich in den Kopf, Riina auszuschalten. Manche behaupteten, dass ihm *zu* Totòs Methoden nicht passten; er fand, dass Riina ein Kannibale geworden war, der seine eigenen Leute auffraß, und daher aus dem Weg geräumt werden musste. Andere waren der Meinung, dass Puccio sauer war, weil *zu* Totò seine Lieblinge hatte, die er besser behandelte als andere: die Madonias aus San Lorenzo, die Gancis vom Clan der Della Noce, die Montaltos aus dem Palermo-Viertel Uditore, die Gambinos aus Resuttana oder die Bruscas aus San Giuseppe Jato. Wenn einer von ihnen in den Knast kam, sorgte er dafür, dass sie und ihre Familien wie die Könige lebten; die weniger Wichtigen wie Puccio, der erst nach dem Tod *Scarpuzzeddas* Bezirkschef von Ciaculli geworden war, hatten dagegen das Nachsehen. Wie dem auch sei: Am 11. Mai 1989 wurde Vincenzo Puccio im Ucciardone-Gefängnis »ausgelöscht«.

War es das, was auch Nardo und Vito erwartete?

Die »Universität«

Sie erzählten uns nie etwas. Aber die Leute redeten, und es gab Fernsehen und Radio, vor allem die subversiven sizilianischen Lokalsender. Ich sollte eigentlich immer auf dem Laufenden sein und doch keine Ahnung haben, alles mitbekommen und doch so tun, als begriffe ich nichts. Als Vito aus dem Gefängnis in Trapani nach Hause kam, hatte er sich verändert. Bis zu diesem Zeitpunkt hatte er sich von Leonardo, dem Älteren, herumkommandieren lassen, aber jetzt erschien er mir selbstbewusster, fähiger ... und wollte das unter Beweis stellen. Es gab jemanden, der ihm besonders am Herzen lag, und der hieß Antonino Greco. Er und Vito waren schon seit Längerem befreundet; er war derjenige, den Vito mir als seinen »Kollegen« vorgestellt hatte, als wir uns auf dem Feld begegnet waren und ich so dreckig und verschwitzt ausgesehen hatte – Vito hatte damals gesagt, ich sei besser als ein Junge. Im Gefängnis von Trapani hatte mein Bruder auf Antoninos Empfehlung hin auch seinen Vater Lorenzo kennengelernt. In Alcamo, dem Ort in der Provinz Trapani, aus dem er stammte, wurde Antonino von der Familie Milazzo nur ungern gesehen, und da sie die Befehlsgewalt über den Bezirk innehatte, war er in Gefahr. Also blieben er und Vito immer zusammen; gingen nie getrennt voneinander aus dem Haus, waren unzertrennlich. Ich weiß nicht, ob Antonino sich für mich interessierte, aber die Leute nahmen es an, weil er immerzu bei uns war, also im Haus der

Vitales. Jedenfalls hatte ich nichts für ihn übrig, und abgesehen davon hätte mein Bruder das auch niemals geduldet: Ich war verheiratet, aber vor allem durften wir nicht ins Gerede kommen, erst recht nicht jetzt.

Im Gefängnis von Trapani hatte Vito neue Freunde und Verbündete unter den Ehrenmännern gewonnen, es war, als sei er auf der Universität gewesen. Er begann innerhalb der Cosa Nostra Karriere zu machen, doch das bekamen wir zu Hause zunächst gar nicht mit. Nardo war der Tonangebende, er bestimmte, was gemacht wurde, bis Vito eines Morgens in Begleitung dreier anderer zum Haus meiner Mutter kam. Es war kurz vor Weihnachten, aber die Luft war klar, und die Sonne strahlte. Sie kamen in einem hellblauen Fiat 127; auf dem Rücksitz Vito und ein ernst aussehender anderer Mann mit dichtem Haar, vollen Augenbrauen und einem eiskalten Blick. Der Art und Weise nach zu urteilen, wie Vito ihn uns vorstellte, war er eine Respektsperson. Er nannte ihn *zu* Luchino.

Wir baten alle herein und boten ihnen einen Kaffee und etwas Süßes an. Sie waren sehr höflich. Wir plauderten ein wenig, und irgendwann begann *zu* Luchino, uns zu der Siegertrophäe zu gratulieren, die unsere Stute Orfanella damals in Alcamo errungen hatte – jenen Bronzepokal mit Reiter und verzierten Säulen, der in unserem Wohnzimmer stand und den ich so sehr liebte. Er sagte zu meiner Mutter:

»Nein, wie schön, er ist ... Er ist wirklich ganz besonders schön!«

Und meine Mutter sagte, ohne zu zögern:

»Er gehört Ihnen! Nehmen Sie ihn nur!«

Er versuchte höflich abzulehnen, aber meine Mutter insistierte so lange, bis er ihn annahm. Ich hätte sie am liebsten umgebracht. Aber konnte man Leoluca Bagarella, genannt Luchino, dem Bruder von Ninetta Bagarella, die mit Totò Riina verheiratet war, irgendetwas abschlagen? *zu* Luchino war der Schwager von *'u curtu*, er war sein verlängerter Arm: Und er saß bei uns im Wohnzimmer.

Auch die anderen beiden waren bedeutende Männer, aber das sollte ich erst später erfahren. Der eine – der mit dem grau melierten Haar – hieß Antonino Gioè und war ein gebildeter Mann mit guten Manieren, der nie etwas Unbedachtes sagte. Ich habe ihn danach noch einmal getroffen und festgestellt, dass er, jedes Mal wenn er den Mund aufmachte, was nicht allzu häufig vorkam, etwas sehr Kluges sagte. Der andere war Gioacchino La Barbera, ein schöner Mann von großer Statur mit hellen Augen und einem vollen Bart. Es waren diese beiden, die gemeinsam mit Salvatore Cancemi, Santino Di Matteo und Giovanni Brusca den Sprengsatz unter der Autobahn bei Capaci legten, der Falcone tötete. An jenem 23. Mai 1992 war La Barbera am Flughafen, wo Falcone aus Rom eintraf, und informierte die anderen, die an der Autobahn auf ihn warteten, mit einem vereinbarten Code: »Alles in Ordnung.« Gioès Aufgabe bestand darin, mit dem Fernrohr die Straße im Auge zu behalten, und sobald die Eskorte mit den drei Autos sich näherte, Brusca zuzubrüllen: »Los!«, damit dieser die Fernsteuerung zünden konnte. 1993 wurden beide gefasst. Gioè wusste nicht, dass die Polizei ihn schon seit Langem im Visier hatte und sein Zuhause und seinen Wagen bereits verwanzt hatte; er redete und redete, und die Polizei hörte alles mit. Er sagte etwas von »Attentaten«, und da nahmen sie ihn fest. Zwar wurde Gioè nicht zum Pentito, aber den Fragen der Richter und der Polizeibeamten konnte er entnehmen, dass es keinen Unterschied machte: Er war kein Abtrünniger, aber das hätte die Cosa Nostra ihm niemals geglaubt. Also nahm er sich im Juli

1993 das Leben, indem er sich mit seinen Schnürsenkeln am Fensterkreuz seiner Zelle aufhängte. La Barbera wurde im März festgenommen, nach sechs Monaten begann er mit der Justiz zusammenzuarbeiten. Ich habe ihn nach seinem Besuch bei uns zu Hause nie wiedergesehen. Denn seitdem überstürzten sich die Ereignisse auch bei uns Vitales.

Es war das Jahr 1992, ein schreckliches Jahr für Sizilien und ganz Italien – nur nicht für uns. Sowohl Leonardo als auch Vito stiegen innerhalb der Cosa Nostra immer weiter auf. Nachdem am 31. Januar im Maxi-Prozess von Palermo alle lebenslänglichen Urteile bestätigt worden waren, tauchte Giovanni Brusca in den Untergrund ab, und Nardo war einer von jenen, die ihm dabei halfen. Er kümmerte sich persönlich darum, dass es ihm an nichts fehlte, und vor allem sorgte er für sichere Verstecke in unserer Gegend. Er verschaffte ihm einen Unterschlupf in einem Stall auf dem Land, wo er ihm auch ein kleines Bad und eine Küchenzeile einbauen ließ. Dann brachte er ihn im Haus von Gaetano Lunetto, genannt *zu* Tanino, unter, mit dem er gewöhnlich Baugeschäfte abwickelte. Den Bezirkschef von San Giuseppe Jato beschützen zu dürfen war eine große Ehre für ihn, und tatsächlich dauerte es nicht lange, bis er für seine Dienste belohnt wurde.

Eine Morgens trug Nardo mir auf, Getränke und belegte Brötchen für mehrere Personen zu besorgen und sie so schnell wie möglich in einen der Ställe meiner Brüder in Val Guarnera zu bringen. Ich hatte keine Ahnung, was geplant war, aber ich tat wie immer meine Pflicht: Ich belud das Auto mit Speisen und Getränken und fuhr damit aufs Land. Bei meinem Eintreffen parkten dort schon diverse Wagen, und draußen standen einige Männer herum, rauchten und unterhielten sich. Ihre Blicke wanderten immer wieder zu einem bemerkenswerten Mann hin. Sie wagten aber nicht, richtig hinzusehen, sondern beobachteten ihn eher aus den Augenwinkeln, als wollten sie sich nicht dabei erwischen lassen. Er war mit einer großen dunklen Limousine gekommen und hatte sogar einen Fahrer. Er trug ein langes schwarzes Gewand mit einer lila Schärpe in Höhe der Taille. Er sah aus wie ein Bischof. Neugierig sah ich ihn an. Was hatte ein Bischof hier zu suchen? Wer war das? Zu fragen war ausgeschlossen. Ich übergab Nardo die gewünschten Sachen und fuhr wieder nach Hause. Später habe ich meine Brüder gefragt, wer dieser Mann gewesen sei, und so erfuhr ich, dass es *Binnu 'u tratturi* (Binnu der Traktor) war: Bernardo Provenzano, der Vorgänger und mittlerweile die rechte Hand Totò Riinas. Nardo war sauer auf ihn; er hatte sich verkleidet, um die polizeilichen Straßenposten zu täuschen, aber dieser Mummenschanz hätte die Bullen auch erst recht auf ihn aufmerksam werden lassen können. Denn wann verirrte sich schon ein Bischof nach Malavarnera? Nardo war zwar auf freiem Fuß, aber alle wussten, dass er unter polizeilicher Aufsicht stand – und in dieser Situation erhielt er Besuch von einem Bischof, zwischen Ställen und Kühen, um mit seinen Freunden zu picknicken? Diese Aktion hatte Nardo in Gefahr gebracht, und deshalb beklagte er sich bei Riina über Provenzano, genauso wie Giovanni Brusca, der untergetaucht war und ebenfalls eine Menge zu verlieren hatte. Aber so war Provenzano eben.

Das Entscheidende an dieser Versammlung in Val Guarnera aber war etwas anderes: Auf Wunsch von Totò *'u curtu* wurde Nardo offiziell zum Bezirkschef von Partinico ernannt. Man hatte sich auch deshalb getroffen, um die Struktur der Familien neu zu überdenken und zu verfügen, auf wen in den einzelnen Bezirken und Provinzen wirklich Verlass war. Es stand nämlich ein neuer Mafia-Krieg bevor, und böse Überraschungen konnte man sich da nicht erlauben. Nach dem Ausgang des Maxi-Prozesses hatte Riina beschlossen, den Staat erneut anzugreifen und ihn auf diese Weise zur Kooperation zu zwingen. Die zahlreichen lebenslänglichen Haftstrafen machten ihm zu schaffen, und auch die Geschichte von Vincenzo Puccio im Ucciardone-Gefängnis lag ihm schwer im Magen. Diejenigen, die im Gefängnis saßen, hatten begonnen sich zu beschweren oder sogar gegen ihn zu revoltieren, und das war für jemanden, der der König der Cosa Nostra sein wollte, natürlich unerträglich. Ein Ehrenmann gibt sein Leben für seinen Boss, wenn der ihm den Schutz seiner Familie garantiert und ihm die Treue hält. Und wenn er hinter Gitter kommt, erwartet er, dass sein Boss ihn früher oder später wieder herausboxt. Aber seit dem Maxi-Prozess und dem *curnutu* (dem Scheißkerl) Falcone – so nannten wir ihn tatsächlich – verließ niemand mehr das Gefängnis. Und nicht einmal die Politiker hatten ihre Arbeit gemacht.

Alle erinnerten sich nur zu gut daran, wie es war, als die »Abgehauenen« in Palermo das Sagen hatten: die Badalamentis, die Inzerillos, die Bontades ... die Mächtigen also. Irgendeinen hatten sie immer in der Hinterhand, und die Prozesse verliefen früher oder später glimpflich für uns. Was hatte also der Ausgang dieses Maxi-Prozesses zu bedeuten? Selbst Corrado Carnevale, im Berufungsgerichtshof für die Revision der Urteile zuständig, war von Falcones Maxi-Prozess abgezogen worden. Und Salvino Lima, der mit der Politik und Andreotti groß geworden war und von dem alle wussten, dass er ein Ehrenmann war – warum unternahm er nichts?

»Was machen die in Rom nur?« Diese Frage stellten sich auch meine Brüder, aber sie sprachen nicht darüber; kein Wort kam über ihre Lippen von dem, was passierte, und ich habe nie erfahren, wie viel sie von alldem wirklich wussten. In Italien jedenfalls herrschte dicke Luft. Im Februar begann man mit einer Reihe von juristischen Untersuchungen, auch *Mani pulite* (deutsch: saubere Hände, sinngemäß weiße Weste) genannt, nachdem Mario Chiesa, der Chef eines Altersheims in Mailand, der Bestechung überführt worden war. Die Sozialisten steckten in der Krise, aber noch brenzliger wurde es für die Democrazia Cristiana, die immer schon die Partei mit den besten Verbindungen zur Cosa Nostra gewesen war. Jetzt landeten die ersten dicken Fische der DC im Gefängnis. Und die *cornuti* von Richtern steckten ihre Nasen in alle Bestechungs-, Auftragsvergabe- und Geld-Geschichten des Staates, von denen vor allem die Cleveren profitierten und vor allem wir, die Cosa Nostra, in Sizilien und ganz Italien. All dies erfuhr ich aus dem Fernsehen, aber eine Sache blieb mir schleierhaft: Wieso nannten sie die Gelder, die wir, die Cosa Nostra, einnahmen, »Schutzgeld« und solche Gelder, die in die Parteien flossen, »Bestechungsgeld«?

Jedenfalls waren die *Tangentopoli** gefährlich für uns – so viel begriff ich. Die Leute wachten auf, forderten vom Staat, den kriminellen Verflechtungen ein Ende zu machen. Aber wenn sich die Cosa Nostra mit den Politikern die Schmiergelder teilte – so war es jedenfalls bei uns –, wie sollten die Parteien dann damit aufräumen? Da hätten sie ja bei sich selbst anfangen müssen. Stattdessen ließen sie sich von den Mailänder Richtern Di Pietro und seinem Chef Borrelli hereinlegen und in die Knie zwingen. Und wenn noch nicht einmal den Parteien, allen voran der Democrazia Cristiana, die in Italien immer das Sagen gehabt hatte, oder Bettino Craxi, sozusagen der »Liebe Gott« Italiens,

---

* Synonym für kriminelle Verflechtungen, abgeleitet von *tangente* = Schmiergeld (Anm. d. Übers.).

in der Lage waren, die Richter im Zaum zu halten, dann würden auch wir es mit ihnen zu tun bekommen. Jetzt saß uns nicht nur dieser Maxi-Prozess im Nacken, sondern auch die *Mani pulite,* die weder für die Geschäfte noch die kommenden Prozesse Gutes hoffen ließen. Über diese Dinge redeten Nardo und Vito nicht mit mir, und ich konnte sie auch nicht darauf ansprechen, aber ich las in ihren Gesichtern. Ich sah, wie sie vor dem Fernseher saßen und ihre Mienen sich verdüsterten. Als ich später Kronzeugin wurde, habe ich auch die Geständnisse der anderen Pentiti gelesen. Nino Giuffrè, genannt Manuzza, der rechte Arm Provenzanos, sagte aus, dass die Untersuchungen in Sizilien »die engen Verbindungen der Cosa Nostra mit der Geschäfts- und der politischen Welt hinsichtlich der Verteilung von öffentlichen Ausschreibungen offengelegt hätten. Falcone und Borsellino hatten die Tragweite dieser Verflechtungen sofort erfasst, und dieser Umstand beschleunigte die Vorbereitungen für einen Anschlag nur noch. Was die Auftragsvergaben anging, hatte die Cosa Nostra ein ausgeklügeltes und weit verzweigtes System entwickelt, das sowohl Teile der Politik als auch der Wirtschaft umfasste. Nach 1988 wurden die Abläufe, die bis dahin von Angelo Siino gesteuert wurden, noch weiter perfektioniert: Die wichtigsten Persönlichkeiten versammelten sich jetzt um einen sogenannten runden Tisch. Dazu gehörten unter anderen der Agrigenter Unternehmer Filippo Salamone, sowie Bini, ein Ingenieur, der sich innerhalb des Lebensmittelkonzerns Ferruzzi ums Bauwesen kümmerte und zum Verbindungsmann zwischen Mafia und Politik wurde. Er steuerte eine ganze Zeit lang die Auftragsvergaben und sorgte dafür, dass sich die Mafia und bestimmte Bereiche in Politik und Wirtschaft enger zusammenschlossen. Auf diese Weise wurde der offene Wettbewerb gebremst. Die

Preise sanken erheblich. Die Mafia garantierte Sicherheit und erhielt dafür im Gegenzug eine Beteiligung von zwei Prozent. Später behielt Riina 0,8 Prozent für sich, die zur Finanzierung von dringlichen Ausgaben zurückgestellt wurden. Ich habe allerdings nie erfahren, wo dieses Geld letztendlich geblieben ist.«*

So weit Manuzza. Als man Siino, den die Zeitungen als den »Minister für Bauwesen der Cosa Nostra« bezeichneten, verhaftete und auch er zum Pentito wurde, äußerte er sich noch präziser. Er sagte aus, dass »im Einvernehmen mit der Mafia von den sizilianischen Politikern ein Umsatzvolumen von 120 000 Milliarden Lire erzielt wurde«. Für die Cosa Nostra ging es um zwei Prozent dieser Summe, also ungefähr 2400 Milliarden Lire. Sobald Geld im Spiel war, war mit Riina nicht zu spaßen. Insofern wunderte es mich nicht, als am 12. März 1992 Bilder durchs Fernsehen gingen, die die Leiche Salvino Limas zeigten. Sie lag neben einem Müllcontainer auf einem Bürgersteig in Mondello und war mit einem Leinentuch bedeckt. Riina *'u curtu* hatte bei ihm angefangen.

---

* Zitiert aus: L. Abbate und P. Gomez: *I complici* (Die Komplizen), Fazi Editore 2007

Die guten Jungs

1992 kannte ich Nino Giuffrè nicht, und ich sollte ihn auch nie kennenlernen. Giovanni Brusca dagegen, den »Halsdurchschneider«, kannte ich sehr wohl, ebenso wie seinen Bruder Enzo. Er galt als weniger »fähig«, aber beide waren in meinen Augen wirklich gute Jungs. Giovanni hielt große Stücke auf seine Familie – er machte vielleicht nicht viele Worte, aber für seine Frau und seine Kinder tat er alles und ließ es ihnen an nichts fehlen. Unsere Familien trafen sich häufig auf dem Land, und er schien ein ganz normaler Familienvater zu sein, er lachte, machte Scherze... Seine Frau war immer sehr gut angezogen, man sah, dass es ihnen gut ging. Meine Brüder schätzten ihn sehr. Von den Attentaten auf Falcone und auf Borsellino wusste ich allerdings nichts, auch wenn die Richter mich das später immer wieder fragten. Davon habe ich erst durchs Fernsehen erfahren, und das angebliche Fest, das bei uns zu Hause stattgefunden haben soll und von dem die Pentiti berichteten, hat es nie gegeben. Riina soll Champagner geordert und nach Bruscas Angaben gesagt haben: »Die machen uns keinen Kummer mehr.« Und dass Andreottis Traum von der Staatspräsidentschaft ausgeträumt sei. Von all dem wusste ich nichts. Für uns Vitales spielte sich der Krieg vor unserer Haustür ab, zwischen den Familien, die wie unsere mit den Corleonesi verbündet waren, wie zum Beispiel die Grecos aus Alcamo.

In Alcamo gab es Probleme mit den Milazzos. Vincenzo Milazzo tanzte aus der Reihe – er machte Giuseppe Ferro, einem engen Vertrauten Riinas, in Sachen Schutzgelder Konkurrenz. Er hatte angefangen, schlecht über die Corleonesi und all jene zu reden, die mit ihnen verbündet waren und Attentate verübten. '*U curtu* wusste, dass es innerhalb der Cosa Nostra Leute gab, die nicht mit allem einverstanden waren, was er tat, die meinten, dass er zu weit ging, und befürchteten, am Ende die Konsequenzen tragen zu müssen. Deshalb schickte er nach dem Attentat auf Falcone Giovanni Brusca in Alcamo vorbei. Vincenzo Milazzo sollte beseitigt werden, und zu neunt standen sie bereit. Wenige Tage vor dem Attentat auf Borsellino baten sie Milazzo um ein Treffen, und kaum war er aufgetaucht, erschossen sie ihn. Später im Gefängnis sagte Giovanni Brusca aus, außer ihm seien *zu* Luchino Bagarella, Antonino Gioè, Gioacchino La Barbera, Giuseppe Ferro, Enzo Sinacori, Andrea Mangiaracina aus Mazara del Vallo, Gioacchino Calabrò und vor allem Matteo Messina Denaro beteiligt gewesen. Letzterer war gerade im Begriff, zum mächtigsten Mann der Cosa Nostra in Trapani aufzusteigen. Am Tag darauf fuhren sie nach Castellammare del Golfo und erwürgten auch Antonella Bonomo, Vincenzo Milazzos schwangere Lebensgefährtin. So bekamen die Ferros den Mafia-Bezirk Alcamo zugesprochen. Wir Vitales erfuhren dann, dass unter denen, die »gestoppt«, also getötet werden sollten, auch die Familie Greco war, die nie etwas mit den Milazzos zu tun gehabt hatte. Und Antonino Greco war einer der besten Freunde meines Bruders Vito.

Als Vito davon erfuhr, regte er sich furchtbar auf und sagte zu Nardo:

»Nicht Nino. Nino rührt ihr nicht an!«

Er mochte ihn wirklich und hatte außerdem seinem Vater Lorenzo versprochen, sich um ihn zu kümmern, als Lorenzo und er gemeinsam im Gefängnis gesessen hatten.

Er bat Leonardo, Nino in unsere Familie aufzunehmen und den entsprechenden Leuten zu sagen:

»Nino Greco gehört zu uns. Ich stehe persönlich für ihn ein.«

So kam es, dass Antonino von da an für Nardo und Vito arbeitete; sie vertrauten ihm, und er verhielt sich einwandfrei. Trotzdem war er eines Tages tot. Sie hatten ihn in Alcamo in seinem Auto erschossen, ohne dass ich je erfahren habe, wer ihn auf dem Gewissen hatte. Ich ging mit meinem Mann zur Beerdigung, und als ich Antoninos Mutter traf, brach sie in Tränen aus, fiel mir um den Hals und wiederholte immer wieder:

»Sie haben unseren Jungen umgebracht... Sie haben unseren Jungen umgebracht...«

Die Arme. Sie wusste natürlich, dass ihr Sohn sehr gut mit Vito befreundet war, und vielleicht hatte Antonino ihr auch erzählt, was die Vitales unternommen hatten, um ihn zu retten. An dem Punkt mischte sich mein Mann Angelo ein. In einem Augenblick der Trauer wie diesem spielte er den Eifersüchtigen, weil Antoninos Mutter »Sie haben *unseren* Jungen umgebracht« gesagt hatte und nicht: »Sie haben *meinen* Jungen umgebracht«, so als sei Nino nicht nur ihre Angelegenheit, sondern unsere; als sei ich neben seiner Mutter die Frau in seinem Leben gewesen. Mag sein, dass es für Angelo die einzige Möglichkeit war zu zeigen, dass er auch jemand war. Ich hatte Nino nie eines Blickes gewürdigt, aber er war der Freund meiner Brüder gewesen, und mein Mann war vor allem auf sie eifersüchtig. Ich hatte ihm von Anfang an gesagt: »Ich tue alles für dich, aber bitte mich niemals, meine Brüder im Stich zu lassen.« Damals und auch in jenem Moment auf Antoninos Beerdigung schwieg er und stürzte dann davon.

Meine Brüder ließen mir einfach keine Ruhe. Besonders Leonardo hatte, seit er Bezirkschef von Partinico geworden war, noch mehr zu tun und bat mich immer häufiger um Hilfe; ich sollte hier- und dortin, Nachrichten überbringen, Unterlagen besorgen, Anwälte aufsuchen, weil er unter polizeilicher Beobachtung stand. Zu dieser Zeit begann ich mich auch um die Finanzen der Familie zu kümmern – nur die rechtmäßigen Angelegenheiten, es ging nie um Schutz- oder Lösegelder –, weil meine Schwägerinnen andauernd Fragen stellten und in dieser Hinsicht nicht vertrauenswürdig genug waren. Ich hetzte mich ab, erst recht, weil ich jetzt ja auch noch meinen Sohn Francesco hatte, um den ich mich kümmern musste. Die Zeit reichte nie, und Angelo wurde sauer. Aber was sollte ich machen? Was hätte ich denn sagen sollen, wenn Leonardo oder Vito nach mir riefen? »Nein, ich kann nicht kommen, weil Angelo es nicht will«? Meine Brüder hätten uns verprügelt, alle beide. Manchmal kam ich zu spät, und dann begrüßten mich Nardo und Vito immer mit den Worten:

»Hat der Blödmann dich wieder nicht gehen lassen?«

Ich stand zwischen den Fronten und versuchte zu schlichten, so gut es ging. Eine andere Sache, die Angelo erheblich gegen den Strich ging, war das viele Geld meiner Brüder, das durch meine Hände ging, von dem ich mir aber nie etwas nahm. Es war das Geld meiner Brüder, und basta.

Einmal sollte ich für Nardo siebenhundert Millionen Lire in bar aufbewahren. Er hatte eine riesige Menge Most verkauft, und dies war der Ertrag, den ich einem gewissen Giuseppe Monticciolo aus San Giuseppe Jato übergeben sollte, wenn er käme und mich danach fragte. Zu dieser Zeit wohnten Angelo und ich nicht mehr bei meinen Schwiegereltern; wir waren zu mir nach Hause gezogen und warteten darauf, dass das Häuschen fertig würde, in

das wir im Anschluss ziehen wollten. Eines Tages tauchte also dieser Monticciolo bei meiner Mutter auf. Ich war nicht da, aber er fragte explizit nach mir:
»Signora Maria, Nardo schickt mich. Ist Ihre Tochter Giuseppina da?«
Hätte er das nur bleiben lassen! Meine Mutter empfing ihn alles andere als freundlich:
»Was willst du? Wenn du mich fragst, bist du doch ein Bulle! Zeig mir sofort deinen Ausweis, dann zeig ich ihn meinem Sohn, und der wird dann schon sehen, ob du ein Bulle bist!«
In ihren Augen sah er aus wie ein Carabiniere. Sie hatte ihn noch nie gesehen, und daher traute sie ihm nicht und jagte ihn wütend davon:
»Keinen Fuß setzt du in mein Haus! Du bist garantiert ein Bulle!«
Als ich nach Hause kam, erzählte meine Mutter mir alles, und ich sah zu, dass ich Monticciolo so schnell wie möglich das Geld zukommen ließ. Als Nardo von der Sache erfuhr, wurde er furchtbar wütend auf meine Mutter, weil sie ihn mit ihrem Verhalten so blamiert hatte. Aber sie war sich keiner Schuld bewusst:
»Vertraue deiner Mutter, dieser Mann war ein Bulle!«
Alles in allem hatte sie damit gar nicht so unrecht: Giuseppe Monticciolo wurde wenige Jahre später festgenommen und erklärte sich noch in dem Auto, mit dem man ihn bei seiner Verhaftung ins Polizeipräsidium fuhr, zur Kooperation mit der Justiz bereit. Er erzählte der Polizei, wie der kleine Giuseppe Di Matteo, Sohn des Santino Di Matteo, der am Attentat an Falcone beteiligt war, entführt und ermordet worden war. Sein Vater wurde kurz nach dem Anschlag verhaftet und gestand alles. Die Abhörmanöver bei seinem guten Freund Gioè hatten ihn in die

Enge getrieben; die beiden hatten zu den Ersten gezählt, die wegen des Attentats im Gefängnis gelandet waren. Das war 1993, und Giovanni Brusca hatte sich dazu entschlossen, Santino Di Matteos Sohn zu entführen, um dessen Vater zum Schweigen zu bringen: Wenn er wollte, dass sein Sohn lebend nach Hause käme, dürfe er weder ein Wort über die ganze Falcone-Geschichte verlieren noch über den Mord an Ignazio Salvo im September 1992. Letzterer musste sterben, weil er mit Salvino Lima und einigen römischen Politikern befreundet war, die jedoch keine Anstrengungen unternommen hatten, auf die Prozesse Einfluss zu nehmen.

Der arme Giuseppe Di Matteo, den sie 'u canuzzu, das Hündchen, nannten, war zum Zeitpunkt seiner Entführung erst elf Jahre alt. Zwei Jahre lang schleppten sie ihn von einer Ecke der Insel in die andere; von Castellammare del Golfo nach Giambascio, von Mazara del Vallo nach Purgatorio in der Nähe von San Vito Lo Capo und dann wieder zurück nach Giambascio, das zum Gebiet der Bruscas von San Giuseppe Jato gehört. Am 11. Januar 1996 haben sie ihn schließlich erwürgt und in Salzsäure aufgelöst. Sie hatten das Urteil des Gerichts abgewartet, aber wegen des Geständnisses seines Vaters wurden auch Brusca und Luchino Bagarella zu lebenslänglichen Haftstrafen verurteilt, und deshalb musste er bestraft werden – nicht zuletzt, um den anderen den Mund zu stopfen.

Denn seit 1992 fingen plötzlich alle Inhaftierten an zu singen, es nahm kein Ende. Auch Gaspare Mutolo, genannt Asparino, der aus dem nächsten Umfeld Riinas festgenommen worden war, wurde zum Pentito. Er war 'u curtus Chauffeur gewesen und hatte so einiges zu erzählen. Wir wussten damals nicht, was er alles aussagte, aber der Cosa Nostra bleibt es nicht verborgen, wenn jemand zum Verräter wird. Und so kam heraus, dass Mutolo den Richtern – und auch Borsellino, bevor er in der Via d'Amelio erschossen wurde – erzählt hatte, wie es zwischen der Mafia und den Politikern lief, und wer von den Polizisten, Justizbeamten, Ärzten und Anwälten mit der Cosa Nostra kooperierte. Nach Asparino packte noch im selben Jahr Leonardo Messina aus San Cataldo in der Nähe von Caltanissetta aus. Sie wurden festgenommen und redeten und redeten ... Das hatte es vorher nicht gegeben, genauso wenig, wie man nie zuvor Militär nach Sizilien geschickt hatte. Aber nach dem Tod von Falcone und Borsellino war man aufgewacht in Rom. Die Leute hatten die Nase voll, und in Sizilien hingen überall Transparente und Laken, die Falcones und Borsellinos gedachten. Es sah so aus, als wollte niemand mehr etwas von der Mafia wissen. Und unsere Leute, die Ehrenmänner, waren nervös. Die Luft war dünn geworden.

Dann war *Pinuzzu* dran, eine Geschichte, die ziemliche Wellen schlug. Auch sie ereignete sich 1992. Giuseppe Marchese wurde verhaftet und redete. *Pinuzzu*, wie wir ihn nannten, war der Schwager von *zu* Luchino, der wiederum ein Schwager Riinas war – und der Bruder von Vincenza Marchese, die sich ein Jahr zuvor mit Leoluca Bagarella verheiratet hatte. Schon damals hatte es Gerede gegeben: dass er sie nicht hätte heiraten sollen, weil sie aus Palermo war, dass ein Corleonese einer Palermitanerin nicht trauen könne und er sich lieber eine Frau aus seinem Dorf nehmen solle. Aber die beiden waren schon seit ewigen Zeiten verlobt, und *zu* Totò war der Familie Marchese und insbesondere *Pinuzzu* sehr zugetan. Und nachdem Pino Greco *Scarpuzzedda* verschwunden war, war er zu seinem Liebling geworden. In einer schwierigen Phase wie dieser, in der allen wegen Falcone und Borsellino die Bullen im

Nacken saßen, war es ein sehr schlechtes Zeichen, wenn ausgerechnet jemand, der Riina so nahe stand, mit der Polizei zusammenarbeitete. Das konnte nur heißen, dass es selbst innerhalb seiner eigenen Familie Leute gab, die seine Handlungen und Vorstellungen infrage stellten. Es gab kein allgemeines Einvernehmen mehr, und man musste damit rechnen, dass manch einer auf die Barrikaden gehen würde, so wie es mit Vincenzo Puccio ja schon geschehen war. Aber dann würde es nicht mehr ausreichen, den einen oder anderen auszuschalten oder einen seiner Verwandten zu entführen. Und wenn innerhalb der Cosa Nostra ein neuer Krieg ausbräche, würde es erst recht viele erwischen. Aus Scham über den Verrat ihres Bruders erhängte sich Vincenzina Marchese 1995 in ihrem Haus. Sie hielt es, mit dieser Last auf der Familie, nicht länger in Corleone aus. Sie hatte allerdings schon drei Jahre zuvor zu sterben begonnen, in dem Moment, als *Pinuzzu* geredet hatte.

Ja, die Dinge änderten sich, und auch bei uns zu Hause bekamen wir das zu spüren. Leonardo war Bezirkschef geworden, doch am Ende dieses schwarzen Jahres 1992 nahmen sie uns Vito, der wegen Mafia-Zugehörigkeit bis 1995 im Gefängnis einsaß.

Dann wurde Bruno Contrada verhaftet, der Chef der mobilen Einsatztruppe von Palermo. Wann hatte man je ein so hohes Tier ins Zuchthaus gesteckt?

'U pigghiaru! – Sie haben ihn erwischt!

Ich dachte, ich hätte *'u curtu* nie zu Gesicht bekommen, aber ich hatte ihn doch schon einmal gesehen – ohne dass ich mir damals dessen bewusst war. Es war auf einer Versammlung bei uns auf dem Land gewesen, zu der Leonardo mich mitgenommen hatte für den Fall, dass sie etwas brauchen würden; aber man stellte mir niemanden richtig vor. Und als Frau musste ich mich sowieso abseits halten. Doch von Weitem hatte ich den kleinen Mann wohl bemerkt: Er saß dort und redete nichts, ab und zu nickte er nur. Er sah völlig unscheinbar aus, wie irgendjemand.

Leonardo sprach zu Hause nie von ihm, er sagte nicht: »Er sieht so und so aus, hat die und die Augen, die und die Haarfarbe...« Ich hatte keine Ahnung, ob er ihm je begegnet war, ob er mit ihm persönlich telefonierte oder nur über Vermittlung Giovanni Bruscas oder *zu* Luchinos mit ihm kommunizierte. Er existierte, und das war's. Nicht einmal die Bullen kannten ihn, sie hatten kein Foto von ihm, weil er seit fünfundzwanzig Jahren untergetaucht war.

Am 15. Januar 1993 war ich unterwegs, weil ich ein paar Botengänge zu erledigen hatte. Im Dorf herrschte eine seltsame Atmosphäre, und in einem Geschäft hörte ich jemanden sagen: »Sie haben ihn erwischt!« Ich habe ihn im Fernsehen erkannt inmitten von schreienden Leuten – die Bullen führten ihn ins Polizeipräsidium. Er war das Männlein, das nach nichts aussah, aber Falcone und

Borsellino in die Luft gejagt hatte. Nardo sagte kein Wort. Nicht der kleinste Fluch kam über seine Lippen. Sie hatten zu viele geschnappt, zu viele hatten ausgepackt, und ich gehe davon aus, dass einer von ihnen *'u curtu* verraten hat.

Bis heute weiß niemand, wie sich das Ganze abspielte. In der Zeitung stand, dass Balduccio Di Maggio für seine Verhaftung verantwortlich war, der nur wenige Tage vor Riina festgenommen worden war, am 8. Januar. Baldassare, genannt Balduccio, Di Maggio hatte ihm ziemlich nahe gestanden, er war ebenfalls ein paar Jahre lang sein Fahrer gewesen. Von Beruf war er Automechaniker. Aber auch wir kannten ihn gut, denn er gehörte zum Bezirk San Giuseppe Jato und hatte viel mit den Bruscas zu tun. Später berichteten die Zeitungen, dass Balduccio untergetaucht war und sich nach Novara geflüchtet hatte, weil Riina sich nicht für ihn, sondern für Brusca entschieden hatte und er deshalb fürchtete, umgebracht zu werden. Dort haben sie ihn dann gefasst. Also hatte er den Carabinieri auf einem Stadtplan von Palermo die Orte eingezeichnet, an denen sich *'u urtu* und seine Familie möglicherweise aufhielten, denn so genau wusste er es selbst nicht.

Offenbar hatte aber auch schon eine andere Spur die Polizei in die Via Bernini geführt. Nebenan residierte ein Bauunternehmen namens Sansone, von dem bekannt war, dass es in enger Verbindung mit der Cosa Nostra stand, und in einer Wohnung der Via Bernini Nummer 54 unterhielten sie einen Telefonanschluss. Diese Wohnung wurde bereits mit Videokameras von den Carabinieri überwacht, die die Aufnahmen Balduccio zeigten. Er sah also, wer dort ein und aus gegangen war, und erkannte Ninetta Bagarella, Riinas Ehefrau, und seinen Gärtner Vincenzo Di Marco. Am 15. Januar nahmen sie ihn fest – er saß in einem Auto, an dessen Steuer Salvatore Biondino saß, der Biondo, der den Anschlag auf Falcone organisiert hatte; *'u curtu* hatte ihm aufgetragen, sich um alles zu kümmern, und er hatte daraufhin achtzehn Leute auf die Sache angesetzt. Aber auch Leoluca Bagarella half das Attentat vorzubereiten. So jedenfalls sagte es später Giovanni Brusca aus.

Fest steht: Kaum war Salvatore Biondino festgenommen worden, durchsuchten die Carabinieri sein Haus, nicht aber Riinas Wohnung in der Via Bernini Nummer 54. Eine Ungereimtheit, die dazu führte, dass man gegen den Chef der Operation, Capitano Ultimo, ein Gerichtsverfahren einleitete, weil er Riinas Wohnung nicht noch am Tag der Verhaftung durchsuchen ließ. Ultimo rechtfertigte sein Vorgehen damit, dass er es zu diesem Zeitpunkt für sinnvoller gehalten habe, die Familie Sansone weiter zu observieren und ihr nicht zu erkennen zu geben, dass sie mit ihrer Hilfe Riina aufgespürt hatten. So wollte er angeblich gleich die ganze Organisation hochgehen lassen. Denn auch die Sansones hatten ihre Wohnung dort. Wenn das stimmte und die Carabinieri die Sansones weiterhin beschatten wollten, dann hätten sie doch die versteckten Videokameras in der Via Bernini weiterhin eingesetzt, oder nicht? Diese waren aber noch am Tag von Riinas Verhaftung abmontiert worden. Was also hat man von dieser Aussage zu halten?

Am Abend von Riinas Verhaftung ließ Leoluca Bagarella alias *zu* Luchino seine Schwester Ninetta und deren Kinder aus der Via Bernini abholen. Antonino Gioè und Gioacchino La Barbera brachten sie zum Bahnhof von Palermo, von dort fuhren sie mit einem Taxi nach Corleone. Sie hatten eine Menge Gepäck dabei – und sicher auch das ein oder andere wichtige Dokument. Das jedenfalls sagte La Barbera aus, nachdem sie ihn 1993 geschnappt hatten. Wenige Tage später schickte die Cosa Nostra ein ganzes Geschwader ihrer Männer in die Via Bernini, die alles, was noch da war, mitnahmen: wertvolle Gemälde, Silbergeschirr, Goldschmuck, Pelze, Uhren und alle möglichen anderen Wertgegenstände, sogar ein Klavier. Sie rissen den verschlossenen Safe aus der Wand, machten das Loch wieder zu und strichen die ganze Wohnung. Als die Polizei achtzehn Tage später an den Tatort kam, war die Wohnung nicht wiederzuerkennen.

Nachdem Vito 1995 aus dem Gefängnis entlassen worden war, sahen wir eines Abends gemeinsam eine Reportage im Fernsehen, bei der es um jene Durchsuchung in der Via Bernini ging, die nie stattgefunden hatte. Zu diesem Zeitpunkt hatte Vito bereits Nardos Platz eingenommen, denn der war 1995 ebenfalls ins Gefängnis gekommen, um es nie wieder zu verlassen. Vito war der beste Freund von Giovanni Brusca, der damals untergetaucht war. Ich fragte Vito also, während der Fernseher noch lief, was er von der ganzen Sache mit der Via Bernini halte, und er antwortete:

»Wenn sie diese Durchsuchung wirklich gemacht hätten, wäre das das Ende gewesen. Da waren Unterlagen, mit denen man den ganzen Staat hätte hochgehen lassen können.«

Seiner Meinung nach war Riina also im Besitz von Dokumenten, die für den Staat eine Bedrohung darstellten. Ich wollte mehr wissen. Wenn das alles wahr wäre, wenn sie die Wohnung in der Via Bernini wirklich absichtlich nicht durchsucht hätten ... Und Vito sagte:

»Ob das alles wahr ist? Natürlich ist es wahr ... So wahr wie das Amen in der Kirche.«

Es stimmte also, aber mehr brachte ich aus meinem Bruder nicht heraus. Alle meine Brüder verrieten mir schon so gut wie nichts darüber, was in unserem eigenen Mafia-Bezirk los war; und erst recht nichts über die Dinge, die den gesamten italienischen Staat betrafen. Ich wusste zwar, wer uns Vitales Schutzgelder zahlte und dergleichen, aber über politische Angelegenheiten redeten sie nicht, und ich bin mir nicht sicher, wie viel sie selbst überhaupt darüber wussten. Auch die Geschichte von Riinas »Papier« hörte ich erst später, als die Aussagen der Pentiti in den Zeitungen publik wurden. Offenbar war mehr oder weniger Folgendes passiert: Nach den Attentaten auf Falcone und Borsellino 1992 suchten die Carabinieri Vito Ciancimino auf, den Freund Salvino Limas; über ihn wollten sie Riina ausfindig machen. Ciancimino sollte in Erfahrung bringen, was der Staat unternehmen musste, damit das Morden aufhörte. Ob nun mit oder ohne seine Hilfe – Riina gelang es jedenfalls, den Carabinieri zu verstehen zu geben, dass er ein »Papier« verfasst habe, eine Art Fahrplan, in dem er all seine Forderungen formuliert hatte, die den Anschlägen ein Ende setzen sollten: Die Urteile der Maxi-Prozesse sollten revidiert, der Artikel 416 b, der alle Mafia-Mitglieder automatisch zu Straftätern machte, widerrufen und die verschärften Haftbedingungen für Mafiosi aufgehoben werden etc. Trotzdem nahm man ihn danach fest.

Dieses »Papier« wurde zu einer Art Mythos, aber ich habe mir – ebenso wie Giovanni Brusca – meinen eigenen Reim darauf gemacht, warum Riina ins Gefängnis wanderte. In seinem Bekenntnisbuch schrieb Brusca, dass *'u curtu* zum Preis eines bestimmten Gegenwerts verkauft wurde. Denn wer zog Vorteil aus der ganzen Geschichte? Der Staat natürlich. Wenn es stimmte, dass Riina Beweise dafür hatte, dass so mancher Politiker mit der Cosa Nostra gemeinsame Sache machte, war es besser, alles Beweismaterial aus der Via Bernini verschwinden zu lassen. Ein anderer, der von Riinas Verhaftung profitierte, war *Binnu 'u tratturi:* Bernardo Provenzano. Alle Ehrenmänner wussten, dass es Riina war, der die Entscheidungen traf, während Provenzano ihm blind folgte. Er sagte weder Ja noch Nein, sondern blieb in seinem Schatten, kümmerte sich um die Schutzgelder und die Geschäfte, die Anschläge. Zu sehen bekam man ihn nur selten. Als Balduccio Di Maggio 1992 sein Geständnis ablegte, sagte er den Carabinieri, dass er glaube, *Binnu* sei gar nicht mehr am Leben. Vielleicht war es aber auch nur ein Ablenkungsmanöver, damit niemand auf die Idee käme, Provenzano habe etwas mit der Festnahme Riinas zu tun. Ich weiß es nicht. Giovanni Brusca erzählte einmal einem Journalisten, sein Vater Bernardo habe ihm immer gesagt, dass Provenzano »vier Gesichter« habe. Von *Binnu* hörten auch wir Vitales sehr bald nach Riinas Verhaftung wieder. Er war ganz und gar nicht tot, und in Partinico gab es eine mit ihm sympathisierende Familie, die uns unseren Platz streitig machen wollte: die Lo Iaconos, die ich recht gut kannte.

Provenzano vertraute jetzt nicht einmal mehr *zu* Luchino. Jetzt, wo *'u curtu* im Gefängnis saß, galt es einen neuen Boss für die Cosa Nostra zu finden. Insbesondere musste man sich darüber einig werden, wie man weitermachen wollte: Ob man weitere Anschläge organisierte, um den Staat dazu zu zwingen, Riinas Forderungen, die er in seinem »Papier« festgehalten hatte, nachzukommen, oder das Ganze abblies, verschwand, so tat, als sei die Mafia am Ende, um sich heimlich neu aufzustellen und die Geschäfte weiter voranzutreiben. Bagarella und Brusca wollten mit den Anschlägen weitermachen, so wie *zu* Totò es vorgesehen hatte, aber Provenzano war dagegen. Also beschlossen sie, neue Anschläge zu verüben, aber nur außerhalb Siziliens.

Denn der Staat würde die Botschaft auch so verstehen, und auf dem italienischen Festland musste man zwischen den verschiedenen Bezirkschefs nicht erst Frieden stiften. So jedenfalls berichtete es später Nino Giuffrè, genannt *Manuzza*. Aber die Ansicht, dass *Binnu* seinen Freund verraten hatte, um seine Haut zu retten, teilten viele. Als sie ihn am 11. April 2006 schnappten, brachten sie ihn mit Hilfe des Artikels 416 b nach Terni ins Gefängnis, wo auch Totò Riinas Sohn Giovanni einsaß. Als er von *Binnus* Ankunft in Terni hörte, schrie er:

»Diesen Bullen bringen sie uns?«

Es kursierten noch andere Geschichten, andere Ausgeburten der Fantasie, aber manchmal ist an Gerüchten auch ein Körnchen Wahrheit. Man erzählte sich, dass die CIA ihre Hände im Spiel gehabt habe ... dass Provenzano sich mit Leuten von der CIA zusammengetan habe, um *'u curtu* zu schnappen und sich von ihnen schützen zu lassen, denn dem italienischen Staat traute er nicht ... dass er, um Kontakt zur CIA zu bekommen, sich jener Familien bedient habe, die der *mattanza* der 1980er Jahre entkommen waren, also der Inzerillos, der Badalamentis, der Spatolas, die alle nach Sizilien zurückwollten. Ausgeburten der Fantasie? Vielleicht. Fakt ist jedenfalls, dass nicht nur die geflüchteten Familien nach Sizilien zurückkehrten, sondern *Binnu* noch dreizehn weitere Jahre auf freiem Fuß blieb.

Auch die Bomben des Jahres 1993 waren keine Fantasiegebilde. *Zu* Luchino und Giovanni Brusca hatten beschlossen, ihren Weg weiterzugehen, um den italienischen Staat in die Knie zu zwingen. Am 14. Mai platzierten sie in Rom einen Sprengsatz in einem Auto, das in der Via Fauro, hinter dem Parioli-Theater, geparkt war. Sie galt dem Journalisten und Showmaster Maurizio Costanzo, der im Fernsehen

T-Shirts mit der Aufschrift »Mafia« verbrannte und den Bossen den Tod an den Hals wünschte. Ich habe keine Ahnung, wie, aber Costanzo entkam. Als *zu* Luchino erfuhr, dass Costanzo noch lebte, soll er laut den Aussagen des reumütigen Tullio Cannella ungerührt geblieben sein; es sei nur darum gegangen, ihm ein bisschen Angst einzujagen. Am 27. Mai kamen fünf Menschen ums Leben, als ein TNT-Lieferwagen in der Nähe der Uffizien in Florenz in die Luft ging; und da der Justizminister am 16. Juli den Artikel 416 b nicht wie gefordert widerrief, sondern erneut bestätigte, explodierten am 27. Juli zeitgleich ein Wagen in der Via Palestro in Mailand, wobei fünf Menschen starben, und zwei weitere Autobomben in Rom, eine in San Giovanni in Laterano und eine in San Giorgio al Velabro, die allerdings keine Todesopfer forderten. Und auch diese Anschläge waren noch nicht genug, denn am 15. September erschoss man in Palermo Don Pino Puglisi, nur weil er in seiner Pfarrgemeinde versucht hatte, Kinder jenseits des Einflusses der Mafia großzuziehen.

Die Cosa Nostra hatte der Presse einen Drohbrief zugespielt, in dem sie sich als Terrorgruppe ausgab, aber die Zeitungen schenkten der Sache entweder keinen Glauben oder hatten einen anderen Fokus: die *Mani pulite*. Sowohl innerhalb als auch außerhalb der Gefängnisse begingen diejenigen, die man beschuldigt hatte, in den Bestechungsskandal verwickelt zu sein, reihenweise Selbstmord (Raul Gardini von Ferruzzi oder Gabriele Cagliari, Präsident des Erdöl- und Energiekonzerns ENI). Die Verwirrung in Italien war wirklich groß. Man fragte sich, wo das alles hinführen würde; manche sagten, die Erste Republik sei am Ende. Innerhalb der Cosa Nostra lief es allerdings nicht besser. Bagarella und Brusca mussten all jene im Zaum halten, die nach Riinas Verhaftung die Köpfe reckten, und dann war da ja noch *Binnu* mit seinen Freunden. Es sah so aus, als wäre auch bei uns in Sizilien eine Republik am Ende – allerdings nicht die erste, und eigentlich war es ja nicht einmal eine Republik, denn Riina war *'u re*, der König… Und mittendrin in dem ganzen Durcheinander waren wir Vitales.

Wintermelonen

Es ging uns nicht gut, mir schon gar nicht. Mein Mann und ich waren endlich in unser eigenes Heim gezogen, ein hübsches Mehrfamilienhaus in der Nähe meiner Schwiegereltern. Wir hatten unseren eigenen Eingang und damit ein bisschen mehr Abstand zu seiner Familie, besonders zu Angelos Mutter. Dann wurde Rita geboren. Mit meinen Kindern war ich glücklich, aber mit Angelo stritt ich mich nur noch. Er hielt mir immer wieder mein enges Verhältnis zu meinen Brüdern vor und hatte auch angefangen, mich zu schlagen. Wenn sie mich verprügelten, warum durfte es dann nicht auch er? Aber das konnte ich nicht akzeptieren, denn ein Mann hat seine Frau zu respektieren. Außerdem war ich überzeugt davon, dass Angelo mich schlug, weil er damit in gewisser Weise auch Nardo, Vito und Michele verprügelte und sich so an ihnen rächen konnte. Einmal versetzte er mir während eines Streits einen solchen Stoß, dass ich die Treppe herunterfiel und mir um ein Haar den Hals gebrochen hätte. Danach wollte ich ihn verlassen. Ich nahm die Kinder und flüchtete zu meiner Mutter, doch dann verflog mein Zorn wieder, und ich kehrte zu Angelo zurück.

Zum Glück hatte ich meine Kinder. Manchmal sah ich ihnen heimlich beim Spielen zu; sie waren noch so klein. Francesco war ein pflegeleichtes Kind. Er weinte kaum und war zufrieden, wenn man ihm zu essen gab, und schlief danach immer ganz brav ein. Als seine kleine Schwester auf die Welt kam, war er kein bisschen eifersüchtig und spielte mit ihr; es schien, als wollte er sie beschützen. Rita hingegen hatte einen ziemlichen Dickkopf. Sie war brav, das schon, aber sie war auch energisch. Als sie schon etwas größer war, stemmte sie die Ärmchen in die Seite, wenn ihr etwas nicht passte, und nahm es mit jedem auf. Sie hatte ihren eigenen Kopf. Wenn ich mit ihr im Auto unterwegs war, wollte sie immer auf dem Vordersitz stehen und beobachtete ganz genau durch die Scheiben, was draußen vor sich ging. Immer wenn sie einen Jungen mit etwas längeren Haaren oder mit einem Ohrring sah, zeigte sie mit dem Finger auf ihn und sagte:

»Mamma, Mamma, Achtung! Das ist ein Bulle!«

In ihren Augen waren alle Bullen: jeder, der uns nur etwas seltsam ansah, jedes Auto, das uns folgte. Meine Eltern waren ganz vernarrt in meine Kinder, besonders mein Vater liebte sie und wollte sie immer mit aufs Land nehmen.

Ich erinnere mich an einen Nachmittag, an dem wir alle in Baronia waren. Francesco lief seinem Großvater hinterher und hatte sich in den Kopf gesetzt, den Pferden nachzujagen, um sie einzufangen. Ohne dass wir es merkten, rannte er zum Stacheldrahtzaun und zog sich, als er drüberzuklettern versuchte, eine große Schnittwunde am Bein zu. Er fing an zu weinen und zu schreien, und als ich näher kam, sah ich, dass er voller Blut war. Es traf mich wie ein Schlag. Ich war furchtbar in Sorge, und weil ich mir nicht anders zu helfen wusste, ließ ich meine Wut an meinem Vater aus. Ich beschimpfte ihn und warf ihm Verantwortungslosigkeit vor, sagte ihm, es sei seine Schuld, dass Francesco sich verletzt habe, und dass ich ihn nie wieder alleine mit ihm lassen würde. Dann rief ich meinen Mann, und nachdem wir auch Rita ins Auto gepackt hatten, fuhren wir mit Francesco so schnell es ging ins

Krankenhaus. Mein Vater war mir nachgelaufen und bat mich, ihm doch wenigstens Rita dazulassen, aber ich war zu ihm kalt, genauso wie zu meiner Mutter, die die ganze Zeit versuchte, mich zu beruhigen. In der Notaufnahme nähten sie Francescos Wunde mit sechs Stichen, und ich gewann meine Fassung wieder. Francesco würde in zwei Wochen wieder gesund sein, und so fuhr ich zurück zu meiner Mutter, um ihr zu berichten, was die Ärzte gesagt hatten. Sie erzählte mir, mein Vater habe sich furchtbar aufgeregt, er habe schreckliche Gewissensbisse und fühle sich wegen meines Verhaltens ihm gegenüber gedemütigt. Nachdem wir zum Krankenhaus gefahren waren, war er in Tränen ausgebrochen.

Mein armer Papa. Als ich zu ihm ging, um mich bei ihm zu entschuldigen, versuchte er noch immer, sich zu rechtfertigen. Er lebte mittlerweile in seiner eigenen Welt, und die Kinder waren sein einziger Trost angesichts des Kummers, den er wegen seiner Söhne hatte. Er hatte das Gefühl, versagt zu haben, alles falsch gemacht zu haben, und seine einzige Zuflucht war die Natur. Dorthin zog er sich zurück. Eines Tages war er in der Nähe der Talsperre unterwegs; er wollte nachsehen, ob nicht ein Tier ins Wasser gefallen war. An der gefährlichsten Stelle des sumpfigen Geländes hatte man eine Eisenbrücke gebaut, damit man sie unbeschadet überqueren konnte. Als er an diesem Tag die Stufen hinunterstieg, setzte er mit dem Fuß falsch auf und verlor das Gleichgewicht. Schon seit einiger Zeit benutzte mein Vater einen Stock zum Gehen, nachdem er schon einmal gefallen war und sich dabei den Oberschenkelhals gebrochen hatte. Er stürzte tief. Zum Glück linderte der Schlamm seinen Aufprall, und er kam mit ein paar Beulen davon. Aber dieser kleine Unfall war nur das Vorspiel zu der Tragödie, die ihn eigentlich erwartete.

Der Juli 1994 war unerträglich heiß. Meinem Vater ging es gar nicht gut, er hätte zu Hause bleiben und sich schonen müssen. Doch er hatte sich in den Kopf gesetzt, raus auf die Felder zu fahren – und war durch nichts und niemanden davon abzubringen. Die Pflanzen mussten gewässert werden, besonders die *anuara*, die gelben Melonen, die im Winter reif werden, brauchten dringend Wasser. Er hatte sie gerade erst gepflanzt. Den Laster, mit dem er seit Ewigkeiten aufs Land gefahren war, hatte er durch einen Fiat 127 ersetzt. Tagaus, tagein stand er in aller Herrgottsfrühe auf und fuhr mit seinem kleinen Auto nach Baronia. Ob allein oder in Gesellschaft, es verging kein Tag, an dem er nicht nach seinen Tieren und seinen Melonen schaute. Er fuhr wie ein Verrückter, was uns ziemlich beunruhigte; besonders meine Mutter machte sich Sorgen und versuchte ihn so oft wie möglich zu begleiten. Aber an jenem Tag war sie nicht mitgefahren. Es war ein Montag, sie wollte ein paar Besorgungen machen, das Essen vorbereiten und sich dann von meinem Vater abholen lassen, um mit ihm in Baronia zu Mittag zu essen.

Mein Vater fuhr also alleine los, und meine Mutter ging einkaufen, kochte eine große Schüssel Pasta mit Sugo und wartete auf ihren Ehemann. Es wurde zwölf, eins, halb zwei, aber mein Vater ließ sich nicht blicken. Wegen seiner Verspätung in Sorge, rief meine Mutter bei mir an und erzählte mir, dass sie schon seit Längerem auf ihn warte, er aber noch immer nicht eingetroffen sei. Ich war gerade beim Abspülen und war sofort alarmiert. Ich hatte ein ungutes Gefühl und bat Nina, auf die Kinder aufzupassen. Ich wollte mich sofort aufmachen, um nach dem Rechten zu sehen, aber auch Nina war besorgt und wollte mit uns kommen. Also verfrachtete ich die Kinder und Nina ins Auto, und wir fuhren los, um meine Mutter abzuholen. Sie stand mitten auf der Straße und wartete schon mit dem Topf in der Hand auf uns.

In null Komma nichts waren wir dort. Wir sahen sofort den geparkten Fiat und das offene Tor, aber mein Vater war nicht da. Wir suchten ihn überall und riefen nach ihm.

Aber mein Vater antwortete nicht... Wir fuhren mit dem Auto noch mal die Umgebung ab, konnten ihn aber nirgendwo finden. Dann gingen Nina und ich zum Melonenfeld, denn da waren wir noch nicht gewesen, und dort, inmitten der *anuara*, lag jemand im Schlamm. Panisch rannten wir los: Mein Vater lag mit dem Gesicht nach unten im Morast. In der Hand hielt er den Schlauch, aus dem immer noch Wasser strömte. Sein Körper war nahezu von Schlamm bedeckt. Alles um ihn herum war überflutet, es war ein einziger erdfarbener Sumpf. Neben ihm schwammen die verdammten Melonen. Von all dem Wasser war mein Vater ganz aufgequollen. Es sah furchtbar aus, ein Albtraum. In der Zwischenzeit war auch meine Mutter herbeigeeilt, sie hatte unsere Schreie gehört. Nina und ich versuchten verzweifelt, ihn aus dem Schlamm zu ziehen. Aber wir versanken bis über die Knöchel im Morast, unsere Schuhe steckten fest, wir konnten uns kaum bewegen, und mein Vater war viel zu schwer für uns. Ich war schockiert von seinem Anblick und fühlte mich hilflos. Ich musste etwas unternehmen, aber was? Ich hatte schreckliche Angst und stürzte zurück auf die Straße, um Hilfe zu holen. Ich brüllte wie am Spieß, aber es war weit und breit niemand zu sehen. Barfuß und verdreckt rannte ich los, ich weiß nicht, wie lange. Ich fühlte meine Füße nicht mehr. Ich schrie, weinte und rannte. Aber an diesem Tag war keine Menschenseele unterwegs. Schließlich kam ich bei den Ställen meiner Brüder in Malavarnera an und traf dort auf Marco, einen Arbeiter, den Michele angestellt hatte.

Ich erzählte ihm, so gut ich konnte, was passiert war, und er fuhr mich mit seinem Auto zurück nach Baronia. Er schaffte es, meinen Vater aus dem Schlamm zu ziehen, und brachte ihn mit meiner Mutter und Nina nach Hause.

Ich konnte und wollte mich nicht damit abfinden, dass mein Vater tot war. Ich bildete mir ein, noch etwas für ihn tun zu können. Also fuhr ich nicht mit den anderen nach Hause, sondern raste mit meinem Auto ins Krankenhaus, wo ich einen Arzt um Hilfe bat. Ich berichtete ihm verworren, was geschehen war, und zwang ihn mehr oder weniger, mit mir zu kommen. Im Haus meiner Eltern konnte er jedoch nichts anderes mehr tun, als den Tod meines Vaters festzustellen. Er vermutete, dass ein Gehirnschlag die Todesursache war. Erst in diesem Augenblick kam ich wieder zu Verstand. Ich nahm die Situation in die Hand, schickte die anderen weg und zog meinem Vater ganz allein die schmutzigen Kleider aus. Niemand außer mir durfte ihn anfassen. Ich wusch ihn vom Kopf bis Fuß, und dies war das erste und einzige Mal, dass ich meinen Vater nackt sah. Er war sehr schamhaft gewesen, hatte immer das Unterhemd angelassen und war auch nie in Unterhosen herumgelaufen. Mit großer Sorgfalt zog ich ihn wieder an, wobei ich mir von einer Nachbarin helfen ließ, der einzigen Person, die in seine Nähe durfte. Erst danach konnte ich weinen, gemeinsam mit meiner Familie. Mein Vater war nicht mehr da.

Das Jahr des Erdbebens

Was interessierte mich Andreotti! Als 1995 ein Verfahren wegen Mafia-Zugehörigkeit gegen ihn eingeleitet wurde, hatte ich wirklich andere Sorgen. Vito war im Februar entlassen worden, stand aber noch unter polizeilicher Aufsicht und musste jeden Tag persönlich beim Kommissariat vorstellig werden, um dort eine Unterschrift zu leisten. Dann warnte ihn jemand, dass ihm eine erneute Verhaftung drohe, und er tauchte gemeinsam mit seinem Freund Giovanni Brusca unter, der schon seit Längerem von der Bildfläche verschwunden war. Keine drei Monate später wurde Nardo, der sich ebenfalls täglich bei der Polizei zu melden hatte, eines Morgens bei dieser Gelegenheit verhaftet. Er hatte eigentlich seine Informanten, aber diesmal hatte es keiner von ihnen geschafft, ihn rechtzeitig zu warnen, und von diesem Tag an habe ich ihn nie wieder auf freiem Fuß gesehen. Dann traf es Michele. Auch er fiel Artikel 416 b zum Opfer. Bei Nardo und Vito war ich nicht überrascht gewesen, seit Jahren wurden sie immer wieder verhaftet und erneut entlassen, aber bei Michele war das etwas anderes. Wenn Vito ihn brauchte – und er schickte immer mich –, wehrte Michele regelmäßig ab:

»Sag ihm, er soll mir nicht auf die Nerven gehen. Es ist zwecklos. Ich gehe nicht zu ihm. Was er macht, interessiert mich nicht, ich will nichts davon wissen!«

Aber er war ein Vitale, und obwohl er sich bemühte, auf ehrliche Weise Geld zu verdienen, wurde er verhaftet. Als die Carabinieri ihn holten, schien es ihnen fast peinlich zu sein; jedenfalls nannten sie ihn »Signor Michele« und behandelten ihn mit dem größten Respekt.

Ein schönes Jahr, das Jahr 1995! Es war für uns wie ein Erdbeben. Nur Vito war auf freiem Fuß, er alleine kümmerte sich jetzt um das ganze Gebiet. Die Einzigen, auf die er noch zählen konnte, waren Giovanni Brusca und ich. Und Giovanni wurde immer wichtiger, weil im Juni auch *zu* Luchino, also Leoluca Bagarella, festgenommen wurde. Jetzt ging es nicht mehr nur um Partinico und San Giuseppe Jato, sondern um die gesamte Cosa Nostra. Leonardo spielte immer noch eine große Rolle, er war schließlich nach wie vor der Kopf der Familie. Er saß erst im Ucciardone ein und dann im Pagliarelli, dem neuen Gefängnis von Palermo. Nachdem für ihn keine verschärften Haftbedingungen galten, war ihm Besuch von seiner Familie gestattet. Auf diesem Wege ließ er Vito wissen, was zu tun war. Aber sie brauchten mich, um Nachrichten zu überbringen und die Geschäfte weiterzutreiben.

Alles blieb an mir hängen: die Landwirtschaft in Malavarnera und Baronia, mit allem, was dazugehörte, mein Vater war schließlich nicht mehr da; die Auszahlung der Arbeiter, die Verteilung des Geldes zwischen den Familien meiner Brüder, die Bankangelegenheiten... Alle zehn Tage gingen vierzig Millionen Lire durch meine Hände; es war sauberes Geld, aber zu dieser Zeit begann ich auch, mich um das schmutzige zu kümmern, jenes, das nicht über die Banken lief, sondern in bar ausgezahlt wurde, und zwar immer sehr eilig. Das Geld stammte von Händlern aus Partinico, die sich »mit uns arrangierten«, aus verschiedenen Auftragsvermittlungen oder ähnlichen Geschäften. Meine Aufgabe war es, das Geld den Familien derjenigen zukommen zu lassen, die im Gefängnis saßen, oder Umschläge vorzubereiten, die ich im Auftrag von Vito oder Nardo irgendwohin bringen musste oder für unvorhergesehene Gelegenheiten bzw. bis die Organisation sie brauchte aufbewahrte. Ich versteckte das Geld bei mir zu Hause in einer Zwischendecke und an anderen Orten, die selbst mein Mann nicht kannte.

Dann galt es, Vitos Versteck zu decken und ihm alles zu besorgen, was er und seine ebenfalls untergetauchten Freunde brauchten. Auch die Anwälte mussten bezahlt werden, und das waren nicht wenige. Die wichtigsten von ihnen habe ich alle kennengelernt, es waren die namhaftesten Anwälte Siziliens, die uns Vitales als Mandanten hatten. Ich erinnere mich, dass ich einmal auf einen Schlag fünfzig Millionen Lire in einem Anwaltsbüro ließ, das sich um die Angelegenheiten meiner Brüder kümmerte. Was ich leistete, war richtige Arbeit, und es war ein Vollzeitjob. Es war eine Arbeit, die einen klaren Kopf, flinke Beine und einen noch flinkeren Geist erforderte. Ich hatte nie viel Zeit: Die Kinder blieben bis vier Uhr nachmittags in der Schule, und bis dahin musste ich alles erledigt haben, ohne dass irgendjemand etwas davon mitbekam. Ich redete mit niemandem darüber und fragte niemanden um Rat, erst recht nicht meinen Mann. Ich ging aus dem Haus, tat, was zu tun war, aber ich kommentierte es nie, und Angelo regte sich auf, weil ich einfach verschwand, ohne dass er wusste, wohin ich ging und mit wem oder wann ich wiederkäme. Ich handelte bewusst so, weil ich ihn nicht mit hineinziehen und ihn oder die Kinder in Gefahr bringen wollte. Vielleicht war es naiv von mir, aber ich wollte nicht, dass Angelo etwas mit dem Fardazza-Clan zu tun hatte, ich wollte ihn und die Kinder raushalten. Und trotzdem stritten wir uns viel. Es kam häufiger vor, dass Vito mich abends rufen ließ und ich, um zu verhindern, dass Angelo mich begleitete, mutwillig die Auseinandersetzung suchte. Ich lebte in ständiger Angst, irgendeiner der neuen Pentiti könnte uns zusammen in einer einschlägigen Situation gesehen haben und würde der Polizei erzählen, auch er sei ein Mafioso, und sie kämen, um den Vater meiner Kinder mitzunehmen. Und Angelo verstand nicht oder wollte nicht verstehen, dass ich keine andere Wahl hatte, dass ich, so wie ich aufgewachsen war und so wie meine Brüder waren, keine Alternative hatte. Ich war wie ein Pferd, dem man Scheuklappen aufgesetzt hatte: Ich schaute nicht links noch rechts, sondern hatte nur immer die Zielgerade vor Augen.

Dann musste ich nach Palermo. Nardo schickte vom Gefängnis aus nach mir, und wehe, ich verpasste einen Besuchstermin oder fuhr eine Woche lang nicht zu ihm. Er wollte über alles informiert werden, was draußen vor sich ging, und hatte ständig irgendwelche Nachrichten, die ich Vito überbringen musste. Ich beeilte mich, alles, was er von mir wollte, zu tun, aber es strengte mich an und stresste mich zusehends. Einmal war ich so müde, dass ich beschloss, meinen Besuch bei ihm ausfallen zu lassen. So fuhren nur seine Frau und seine Tochter hin, die normalerweise mit mir zusammen kamen. Als mein Bruder sah, dass die beiden allein waren, fragte er, noch bevor er sie begrüßt hatte:

»Was habt ihr euch denn dabei gedacht? Wo ist meine Schwester?«

Und dann:

»Ich brauche meine Schwester. Was macht sie? Wollte sie nicht kommen? Hat sie keine Lust mehr?«

Er wurde furchtbar wütend, und ich dachte danach nie wieder auch nur im Traum daran, einen dieser Termine ausfallen zu lassen. Ob ich wollte oder nicht, ich musste hin. Jeder Besuch erforderte meine gesamte Aufmerksamkeit, denn ich musste alles, was er mir sagte, Wort für Wort an Vito weitergeben, ohne auch nur ein Komma wegzulassen. Das war gar nicht so einfach. Erst einmal musste ich alles verstehen, um es mir dann gut einzuprägen, denn natürlich konnte ich mir keine Notizen machen. Wir redeten in Stichworten, machten Andeutungen, und wenn es um Vito ging, benutzten wir Codenamen wie zum Beispiel *zu* Peppino oder *zu* Nino, und dasselbe machten wir, wenn es um Leute aus der Organisation ging. Wir wussten, dass sie möglicherweise Wanzen installiert hatten und uns belauschten oder unsere Gespräche aufnahmen, also trafen wir alle möglichen Vorsichtsmaßnahmen. Nardo wollte auch ganz genau wissen, was draußen vor sich ging, denn bei ihm im Gefängnis kamen die Informationen meist nur verstümmelt und verkürzt an oder sie gaben lediglich die Meinung der Angehörigen seiner Mitinsassen oder die der korrupten Gefängniswärter wieder. Er musste sich von allem eine genaue Vorstellung machen, bevor er Entscheidungen treffen konnte. Es war wichtig, dass seine Informanten absolut vertrauenswürdig waren. Und da kam eigentlich nur ich infrage, denn ich war die Einzige innerhalb und außerhalb der Familie, der er blind vertraute. Ich musste also immer gut aufpassen, dass wir uns nicht missverstanden – schon eine kleine Fehlinformation konnte über Leben und Tod entscheiden.

Diese Umstände, die Ungeduld, mit der Nardo meine Besuche erwartete, brachten mich in eine schwierige Lage seiner Frau gegenüber, die mich sowieso schon nicht leiden konnte. Er empfing mich immer am freudigsten von allen, und das machte sie und seine Tochter Maria eifersüchtig. Sie verstanden nicht, dass wir unterschiedliche

Rollen hatten. Aus ihrer Sicht mochten sie auch recht haben, aber ich konnte nichts dafür, und vor allem konnte ich es nicht ändern. Ich weiß noch, dass mein Bruder im Gefängnis fast immer meine Lieblingswaffeln für mich bereithielt, und ich freute mich riesig über diese kleine Geste. Aber auch diese Waffeln sorgten für böses Blut bei meiner Schwägerin.

Meine Gespräche mit Leonardo verfolgten nicht zuletzt den Zweck, zwischen ihm und Vito zu schlichten. Da der eine draußen und der andere im Gefängnis war, hatten sie unterschiedliche Vorstellungen darüber, wie die Geschäfte in unserem Gebiet laufen sollten. Sie waren nie einer Meinung. Wenn es zum Beispiel darum ging, einen besonderen Auftrag an einen unserer Leute zu vergeben oder eine bestimmte Verantwortlichkeit innerhalb unseres Gebiets zu ernennen, fiel es ihnen schwer, sich auf einen geeigneten Kandidaten zu einigen. Und da kam ich ins Spiel. Ich konnte mich frei bewegen, unter Leute gehen, zuhören, mich informieren... Und so wurde auch ich langsam zur Expertin, verstand, worauf es ankam, und wenn mich meine Brüder bis dahin nie nach meiner Meinung gefragt hatten, taten sie es jetzt und vertrauten mir.

In dieser Zeit lernte ich alles, was man über unseren Bezirk wissen musste, alles über die Geschäfte der Vitales, und fühlte mich zunehmend in der Lage, mich um alles zu kümmern. Ich wollte meinen Brüdern beweisen, dass ich ohne Weiteres ihren Platz einnehmen konnte, wenn sie mich nur ließen, auch wenn ich eine Frau war. Ich weiß nicht, ob sie das damals genauso sahen. Diese Genugtuung gaben sie mir nicht, aber sie redeten mit den anderen Ehrenmännern über mich, und wenn sie es taten, dann immer mit Stolz. Aber sie verfügten noch immer frei über mein Leben und bestimmten über alles, was mit mir zu tun hatte. Wenn ich keinen Ärger wollte, durfte ich mich niemals schminken oder einen Minirock oder eine eng anliegende Hose anziehen oder sagen, dass ich verheiratet war und zwei Kinder hatte. Wenn ich mit meinem Mann und den Kindern im Ort unterwegs war, legte ich natürlich etwas Wimperntusche oder auch mal Lippenstift auf, aber wenn Vito mich dann unvorhergesehen treffen wollte, zog ich mich schnell um, wusch mir das Gesicht und ging erst dann zu ihm.

Auch mit Vito war es anstrengend. Zwar war er untergetaucht, aber er fand jeden Tag einen Grund, um mich zu sehen, und schickte immer irgendeinen seiner Männer nach mir. Er wollte wissen, was es Neues von Nardo gab, was im Ort los war, oder mich mit irgendwas beauftragen. Ihn zu treffen war immer ein schwieriges Unterfangen. Sein Lieblingsversteck war in der Gegend von Mirto, am Fuß der Berge unweit von Partinico, aber die drei Jahre seines Flüchtigseins von 1995 bis 1998 verbrachte er in einem Stall in Piana dell'Occhio, in der Nähe des Monte Lepre, oder auch in Borgetto, ebenfalls in der Nähe von Partinico. Manchmal kam er auch nach Baronia oder Malavarnera, aber das war gefährlich, und so wechselte er sein Versteck regelmäßig. Wenn er jemanden treffen musste, der nicht seiner Familie angehörte – was im Übrigen selten vorkam –, war er immer sehr vorsichtig. Er hatte sich sogar einen falschen Bart und Koteletten besorgt und eine Perücke aus Amerika. Immer wenn er sie aufsetzte, zog ich ihn auf, denn er sah damit aus wie Zucchero.

In Mirta wohnte er in einem Stall, der Freunden gehörte, gemeinsam mit Schafen und anderen Tieren. Man gelangte über eine staubige Serpentinenstraße voller Schlaglöcher dorthin, die so schmal war, dass man sich quasi am Rande des Abgrunds entlanghangelte. Wenn ich abends fuhr, durfte ich die Scheinwerfer nicht anmachen und riskierte dabei jedes Mal mein Leben. Aus Angst fuhr ich so eng an der Bergseite entlang, dass die rechte Wagenseite voller Kratzer war. Oft hatte ich auch seine Frau und seine Kinder dabei. Selbst wenn ich immer höllisch aufpassen musste, dass uns niemand folgte, war dies die einzige Möglichkeit und das geringste Risiko für ihn, ab und zu seine Familie zu sehen. Vor allem Giovanni, seinem ältesten Sohn, fiel es schwer, seinen Vater so selten zu sehen. Giovanni war ein sehr intelligenter Junge. Schon von klein auf begleitete er Vito aufs Feld und wollte arbeiten wie ein Großer. Ich habe ihn immer besonders gern gemocht – bis heute. Mit fünfzehn wurde er wegen Mafia-Zugehörigkeit verurteilt – es war das erste Mal, dass in Italien ein so junger Mensch unter den Artikel 416 b fiel. Er sitzt heute noch.

Als Vito sich gemeinsam mit Giovanni Brusca versteckt hielt, wurde es noch gefährlicher, ihn zu besuchen. Nachdem sie *zu* Totò und *zu* Luchino gefasst hatten, galt Brusca als neuer Boss der Cosa Nostra und als *l'ammazzacristiani*, das Monster. Denn Gioacchino La Barbera und Giuseppe Monticciolo hatten als Kronzeugen alle Details über den Falcone-Anschlag und den Tod des kleinen Giuseppe Di Matteo preisgegeben. Demnach war es Brusca gewesen, der den Knopf der Fernbedienung für den Sprengsatz gedrückt hatte, und er war es auch, der den Jungen erwürgt und in Salzsäure aufgelöst hatte. Besonders Monticciolo hatte Vitos Namen im Zusammenhang mit einer ganzen Reihe von Morden genannt. Aber für uns war Giovanni nicht *'u verru*, das Schwein. Unsere Familien besuchten einander, und er und Vito feierten häufig zusammen Feste. Davide, Bruscas Sohn, ist genauso alt wie Michele, der vierte Sohn Vitos, und so waren auch die Kinder Freunde geworden. Und auch Enzo Brusca, Giovannis Bruder, gehörte mit seiner Familie dazu.

Im Mai 1996 verbrachte Vito ein paar Tage bei mir zu Hause. Er plante eine Reise und würde eine Zeit lang nicht in Partinico sein, weil er Giovanni Brusca in die Nähe von Agrigento folgen wollte. Später erfuhr ich, dass dieser Ort Cannatello hieß. Vito hatte beschlossen, Michele und seine Frau Maria mitzunehmen; die anderen drei Kinder – Giovanni, Mariella und Leonardo – mussten zur Schule gehen und wohnten daher im Haus meiner Mutter. Bevor er fuhr, musste er mir erklären, was zu tun war. Er instruierte mich über all unsere Geschäfte. Am 20. Mai wollten wir uns gerade zum Essen hinsetzen, als eine Sondersendung im Fernsehen meldete, dass Giovanni und Enzo Brusca gefasst worden seien. Man sah Giovanni, die Hände in Handschellen hinter dem Rücken, wie er von glücklich dreinsehenden Polizisten aus dem Präsidium in Palermo geführt wurde. Er trug einen langen Bart und machte ein finsteres Gesicht, während er sich von den Carabinieri ziehen ließ wie ein Sack Kartoffeln. Der Sprecher bezeichnete ihn als »Schwein«, »Monster«, »Mörder Falcones«, »Henker des kleinen Di Matteo«, »hundertfachen Verbrecher«, »brutalsten Mafioso von Totò Riina« ... Aber das war nicht der Giovanni, den wir kannten. Vito blieb wie versteinert sitzen, unbeweglich wie eine Sphinx, und sagte kein Wort. Ein paar Tage später, und er wäre selbst in diesem Haus in Cannatello gewesen. Dieses Mal war er noch davongekommen, aber von nun an wurde alles noch schwieriger.

Ein paar Wochen später ging das Gerede los. Es hieß, Giovanni Brusca kooperiere mit den Richtern. Ich konnte mir das nicht vorstellen und fragte Vito, was an diesen Gerüchten dran sei. Er reagierte ganz ruhig und erklärte mir, dass dies nur ein Trick sei. Giovanni habe ihm gesagt, dass er bei einer Festnahme so tun würde, als wolle er kooperieren, um die Ermittler in die Irre zu führen, vor allen Dingen aber, um die echten Pentiti zu diskreditieren. Und mein Bruder riet mir auch, wachsam zu sein, man könne schließlich nie wissen. Ich fuhr erst einmal nach San Giuseppe Jato, um Giovannis Mutter Geld zu bringen. Sie bekam jedes Mal zehn Millionen Lire. Ich tat immer so, als wäre nichts, erkundigte mich nach ihrem Befinden und dem ihres Sohnes, ob alles in Ordnung sei oder sie etwas brauche. Und sie sagte mir immer, dass es keinen Grund zur Beunruhigung gebe, trotz der Festnahme. Doch irgendetwas war anders als früher. Auch Vito befürchtete langsam, dass Giovanni tatsächlich mit der Polizei zusammenarbeitete, und bezog immer wieder neue Verstecke. Er mied jene Orte, an denen er gemeinsam mit Brusca gewesen war, ebenso wie die Leute, die er früher gemeinsam mit Brusca getroffen hatte. Nur ich konnte mich noch frei bewegen, und so besuchte ich weiterhin regelmäßig Giovannis Mutter in San Giuseppe Jato, aber auch seinen Schwager, um Geld zu bringen und um zu hören, zu reden, zu erfahren, ob unsere Befürchtungen stimmten oder nicht. So machten wir noch einige Monate weiter, bis wir irgendwann sicher waren. Von einem Tag auf den anderen nämlich waren irgendwann Giovannis und Enzos Familien aus Sizilien verschwunden, und das konnte nur eines bedeuten: dass sie Teil eines Zeugenschutzprogramms geworden waren, dass Giovanni tatsächlich zu einem echten Pentito und aus dem »Monster« ein Verräter geworden war.

Doch es gab auch andere Gerüchte: dass Brusca zwar redete, aber niemals Vito erwähnte. Ich wusste nicht, wie ich sein Verhalten beurteilen sollte. Vielleicht war es rein freundschaftlich motiviert, vielleicht hatte Giovanni aber auch einfach Angst vor Vitos Rache; einige seiner Verwandten waren noch in San Giuseppe Jato. Er wusste besser als ich, wie gefährlich mein Bruder werden konnte, und seine Macht war inzwischen noch größer geworden. Längst machte er auch außerhalb Partinicos Geschäfte, zum Beispiel in Palermo, und er hatte Verbindungen in die Provinz Trapani geknüpft, zu einem Mann, der dort das Sagen hatte und den er sehr respektierte: Matteo Messina Denaro. Jetzt konnte man vor Vito wirklich Angst haben.

»Ehrenfrau«

Auf der Straße drehten sich die Leute weg, um meinem Blick nicht zu begegnen, oder aber sie lächelten übertrieben. Beim Einkaufen gewährte man mir unaufgefordert riesige Rabatte, oder ich bekam die Waren gleich geschenkt. Schon unser Familienname versetzte die Leute in Angst und Schrecken. Wir waren der Fardazza-Clan, über den man sich die furchtbarsten Dinge erzählte. Egal ob sie wahr waren oder nicht – wenn es um die Mafia ging, bekam alles gleich ein ganz anderes Gewicht. Selbst ich fragte mich manchmal, ob das, was über meinen Bruder im Umlauf war, wirklich stimmte; ob er wirklich so mächtig war, wie die Leute zu glauben schienen. Ich wusste natürlich, dass er als blutrünstig galt und angeblich schießen konnte wie ein Gott, und mir war auch klar, dass er jetzt, da *zu* Luchino und Giovanni Brusca im Gefängnis saßen, als Riinas Erbe angesehen wurde. Aber es fiel mir schwer, das zu glauben. Für mich war er einfach Vito, mein Bruder, und nicht der grausame Mensch, als den die Zeitungen ihn titulierten. Vielleicht wollte ich es auch einfach nicht wahrhaben, denn wenn Vito tatsächlich als »der Erbe Riinas« gehandelt wurde, dann bedeutete dies, dass er in Gefahr war, und zwar gleich in zweifacher Hinsicht: Dann waren ihm nämlich nicht nur die Bullen auf den Fersen, sondern auch die Leute von *Binnu 'u tratturi* alias Bernardo Provenzano.

Mittlerweile war klar, dass Provenzano weder tot war noch ein Phantom, wie er gern glauben machen wollte.

Aber zwischen ihm und uns Fardazza herrschte Zwietracht. Nino Giuffrè, seine rechte Hand, sagte später aus, *Binnu* habe eine »Abtauch«-Strategie entwickelt, bei der es nicht mehr darum ging, Angst und Schrecken zu verbreiten, um sich den Staat, die Polizei und die Carabinieri vom Hals zu halten. Wenn man wollte, dass die Geschäfte weiter liefen wie bisher, musste man sich still verhalten und das ein oder andere in Kauf nehmen. Partinico ist nicht Palermo, aber man erzählte sich, Provenzano habe sich mit den »Abgehauenen« verbündet, also all jenen, die während der *mattanza* nach Amerika gegangen waren: den Badalamentis, den Spatolas und vor allem den Inzerillos, und wolle sie wieder zurückholen. Was hatte das zu bedeuten? Für uns waren sie gestorben, und das sollte auch so bleiben. Und bei uns in Partinico hatte Provenzano immer Nenè Geraci, Fifetto Nania und Maurizio Lo Iacono unterstützt, die einfach nicht schlucken wollten, dass der neue Bezirkschef Vito hieß. Innerhalb der Cosa Nostra hatte es nach Riinas Verhaftung Überlegungen gegeben, *Binnu* »in Rente« zu schicken; Vito und Nardo hatten mir gesagt, dass Brusca, Matteo Messina Denaro aus Trapani und Mimmo Raccuglia, der »Tierarzt« aus Altofonte, aber auch die Ehrenmänner im Gefängnis ihn am liebsten zu Hause im Schoß seiner Familie gesehen hätten. Vor allem Vito war nervös. Während *Binnu* propagierte, man solle sich ruhig und brav verhalten, machte er sich still und heimlich daran, unseren Bezirk mit seinen Leuten zu untergraben: Er schickte Benedetto Spera nach Misilmeri und mischte sich mit Hilfe seiner Leute in unsere Angelegenheiten ein, und das konnten wir Fardazza nicht dulden.

Für mich bedeutete das, Augen und Ohren immer offen zu halten, grundsätzlich niemandem zu trauen, für zwei, für drei zu denken, vorherzusehen, zu rechnen, vorausschauend zu sein, während mein anderes Leben seinen ganz normalen Gang ging. Es war, als wäre ich in einem Tunnel, ohne dass ich je Angst gehabt hätte; in Situationen wie diesen ist das Letzte, woran man denkt, dass sie gefährlich sein könnten. Natürlich weiß man, dass man ständig in Gefahr ist, aber man darf keine Angst zulassen: Man muss weitermachen und höllisch aufpassen, denn in dem Moment, wo man innehält, steht schon jemand im Hinterhalt bereit, um einem das Fell über die Ohren zu ziehen. Es wurde einfach normal, genauso wie die Streiterein mit Angelo, wenn er nervös wurde, weil ich Vito traf oder Nardo im Gefängnis besuchen fuhr. Nebenbei versuchte ich noch, Ehefrau und Mutter zu sein, arbeitete für acht, und das immer unter Zeitdruck; das Wasser stand mir bis zum Hals, und ich wollte vor allem deshalb nicht mit meinem Mann streiten, weil ich dafür gar keine Zeit hatte. Immer wieder unternahm ich Versuche, ein normales Leben zu führen, wurde aber schnell von meinem Bruder Vito wieder zurück aufs Gleis gesetzt. Richtig bewusst, wie mächtig er geworden war, wurde mir erst, als ich mit Nina, Mariella – Nardos Tochter – und unseren jeweiligen Familien beschloss, einen Ausflug nach Favignana zu machen. Ich erlaubte mir den Luxus, ein paar Tage Urlaub auf den Ägadischen Inseln zu machen. Aus der ganzen Welt kamen die Menschen, um sich diese wunderschönen Eilande anzusehen, und wir, die nur einen Katzensprung von ihnen entfernt lebten, waren noch nie dort gewesen. Wir bereiteten alles vor und fuhren mit dem Auto nach Trapani, um von dort die Fähre zu nehmen. Im Hafen erhielt ich jedoch einen Anruf: Eine meiner Verwandten hatte eine Totgeburt gehabt. Wir brachen die Reise ab und kehrten um. Die Woche drauf machten wir gemeinsam mit einer meiner Tanten und der Familie einer Cousine einen neuen Versuch.

Insgesamt waren wir fünfzehn. Auf der Fähre merkte ich sofort, dass etwas nicht stimmte: Leute schlichen um uns herum; aber da sie aussahen, als wären sie von der Polizei, machte ich mir nicht viel daraus. Die Bullen waren mir ständig auf den Fersen, daran hatte ich mich längst gewöhnt. Rund um die Uhr lungerten Carabinieri vor meinem Haus herum, so dass ich sie schon immer grüßte, wenn ich aus dem Haus ging:

»Okay. Ich bin dann so weit, wir können gehen.«

Natürlich war es etwas seltsam, dass sie uns sogar bis auf eine Insel wie Favignana folgten. Eine kleine Insel ist alles andere als ideal, um unterzutauchen, Vito konnte also gar nicht hier sein. Warum aber folgten sie mir bis dorthin? Wie auch immer, ich schenkte ihnen nicht allzu viel Aufmerksamkeit, sondern konzentrierte mich auf meinen Urlaub. Wir wohnten in einer kleinen Pension, es war ein wunderbarer Ort. Die zwei Tage vergingen wie im Flug. Kaum war ich wieder zu Hause in Partinico, trat mir quasi auf der Türschwelle einer unserer Männer entgegen:

»Vito will dich sehen.«

Ich zog mich um, setzte mich sofort ins Auto und fuhr in das abgelegene Landhaus, wo sich mein Bruder versteckt hielt. Natürlich achtete ich darauf, dass mir niemand folgte. Vito hatte mir aber gar nichts Dringendes zu sagen. Wir plauderten nur über den Stand der Dinge, und als ich wieder gehen wollte, fragte er:

»Und? Hast du mir nichts zu sagen?«

»Was soll ich dir denn zu sagen haben?«

»Hat es dir gefallen auf Favignana? War es schön am Meer?«

Ich war wie vom Donner gerührt. Ich hatte ihm nichts von dem kleinen Ausflug erzählt, sondern hatte mir sogar extra eine langärmlige Bluse angezogen, damit er nicht meine sonnengebräunten Arme sah. Jetzt kam ich mir wie eine Idiotin vor. Er mochte zwar allein und weitab vom Schuss sein, aber er wusste, wo ich gewesen war und mit wem. Es war offensichtlich, dass uns jemand bis auf die Fähre gefolgt war, um an ihn zu berichten. Das waren keine Bullen gewesen auf dem Schiff, sondern seine Leute. Ich verstand überhaupt nichts mehr. Warum hatte Vito das getan? Um uns zu schützen? Oder dachte er, ich könnte dort wer weiß wen treffen? Verdächtigte er mich? Wenn ja, verdächtigte er mich dann als Bruder, aus Eifersucht, oder als Mafioso? Oder fürchtete er, seine Feinde hätten uns folgen können, um uns in ihre Gewalt zu bringen und ihn damit aus seinem Versteck zwingen zu können? All diese Fragen gingen mir durch den Kopf, ohne dass ich je eine Antwort fand. Ach, und dann war da noch die Geschichte mit meinen Liebhabern ... meinen zehntausend Liebhabern, denn so viele hat man mir angedichtet. Wenn ich je welche gehabt habe, dann geht es niemanden etwas an; ganz abgesehen davon, braucht man für Liebhaber Zeit, und Zeit hatte ich keine. Aber es gab einen Mann, der in meinem Leben eine wichtige Rolle gespielt hat, auch wenn von Sex noch nicht einmal die Rede war.

Ich lernte ihn ein Jahr vor meiner Verhaftung kennen, 1997. Er war ein Freund von Freunden, hatte aber nichts mit der Mafia zu tun. Er war ein Bekannter von den Anwälten meines Bruders Leonardo, der sich mittlerweile das erste »Lebenslänglich« eingehandelt hatte, und so sahen wir uns meist in Palermo. Zu jener Zeit hatte ich alle möglichen Probleme, in erster Linie mit Angelo, der mich immer öfter schlug. Er dagegen hörte mir zu. Mehr noch, mit ihm fühlte ich mich wie ein anderer Mensch; er eröffnete mir eine neue Welt, eine Welt, die ich bis dahin nie kennengelernt hatte. Eine Welt voller anständiger, »studierter«

Menschen, Anwälte, Ingenieure, Referenten... Und wenn er mich ihnen vorstellte, sahen sie in mir nicht eine Vitale, sondern einfach eine ganz normale Frau, die mit diesem Mann zusammen war und mit der man sich gut unterhalten konnte. Das gefiel mir, faszinierte mich, denn ich wollte auch jemand sein, wollte, dass man mich wahrnahm, aber nicht, weil ich eine Mafiosa war, so wie es sonst immer der Fall war. Ich wollte jemand werden, denn ich war niemand. Dieser Mann hat mir wirklich viel gegeben, weil er mir das Gefühl vermittelte, wichtig zu sein, eine Persönlichkeit zu sein. Er hat aus mir eine erwachsene Frau gemacht, indem er mir die wahren Werte zeigte. Ja, ich war verliebt, aber es war ein rein geistig-seelisches Verliebtsein, und das ist noch viel gefährlicher, weil es einen im tiefsten Inneren berührt. Er führte mich in die besten Lokale Palermos, wo wir die Anwälte trafen, und sie zollten mir Anerkennung, wenn ich den Mund aufmachte. Ich mit meiner mangelnden schulischen Bildung und meinem familiären Hintergrund konnte mit so gebildeten Leuten mithalten, das verschaffte mir große Genugtuung. Vielleicht hat Vito auch von diesem Mann und unseren Treffen in Palermo erfahren, aber mir gegenüber hat er darüber nie etwas verlauten lassen.

Wie lange konnte es noch so weitergehen mit mir? Der Blitz schlug am 14. April 1998 ein. Sie schnappten Vito in Borgetto, im Viertel Carrubella, zusammen mit einer Frau und Pietro Fioretto Valenza, der die beiden bei sich beherbergt hatte. Anders als die Presse behauptete, trug er keine Waffen bei sich, und als die Polizeibeamten ihn fragten, ob er Vito Vitale sei, antwortete er nur:

»Der bin ich nicht.«

Und dann dieses Foto: aufgequollenes Gesicht, langer Bart mit Schnauzer, erloschener Blick. Aber wenigstens lebte er. Das Erste, was man sich in so einer Situation fragt, ist: Wer hat ihn verraten? Denn irgendeinen Bösen gibt es immer. Dann muss man mit dem Gefühl der Leere und dem Adrenalin klarkommen, das einen im Innersten trifft. Und tatsächlich haben wir nach Vitos Festnahme mächtig Krach geschlagen. Am nächsten Morgen lief die gesamte Familie vor dem Polizeirevier in Palermo auf, und als sie ihn in Handschellen herausführten, um ihn in einen Polizeiwagen zu verfrachten und ins Gefängnis zu bringen, fingen wir sofort an, zu brüllen und den Bullen und sogar den Leuten, die dastanden und der Polizei applaudierten, Fußtritte und Fausthiebe zu versetzen. Wir haben wirklich ein ziemliches Theater gemacht. Selbst Angelo erhob die Hand und wurde wegen tätlichen Angriffs auf die Staatsgewalt sogar verhaftet. Meine Schwägerin Maria hingegen blieb die ganze Nacht vor der Wache stehen und erklärte den Reportern immer und immer wieder, dass ihr Mann kein Mafia-Boss sei. Und auch zu der Frau, die bei der Verhaftung bei Vito gewesen war, Girolama Barretta, hatte Maria etwas zu sagen. Das war noch bevor man zu dem Schluss kam, dass Girolama die Geliebte ihres Mannes war. Sie erklärte:

»Sie ist nicht die Geliebte meines Mannes, sie ist nur eine Cousine. Ich war nie von meinem Mann getrennt, ich war die drei Jahre, die er untergetaucht war, immer bei ihm. Selbst an Ostern war ich mit ihm in dem Landhaus, wo man ihn dann verhaftet hat. Wir haben Pasta und Käse gegessen.«

Dachte sie wirklich, man würde ihr das abnehmen?

Doch das eigentliche Problem war viel größer: Was sollte nach Vitos Verhaftung aus dem Fardazza-Clan werden? In solchen Fällen lief es in der Cosa Nostra so, dass sich entweder ein männlicher Verwandter des Festgenommenen um die ganze Familie und das Bezirksmandat kümmerte oder aber man von der Bildfläche verschwand und zur Zielscheibe aller möglichen Racheaktionen wurde. Die Lösung lieferte Leonardo, der vom Gefängnis aus alle wissen ließ, dass ich die Fardazza vertreten würde, dass der Bezirk nicht herrenlos sei, sondern dass er und Vito für mich geradestanden. Ich war die erste Frau in der gesamten Geschichte der Mafia, die ein Amt mit so viel Verantwortung innehatte.

Wie der falsche Riina starb

Wir mussten herausfinden, wer Vito verraten hatte, und dafür sorgen, dass alle Ehrenmänner verstanden, dass ich die neue Chefin des Bezirks Partinico war. Wir mussten rechtzeitig alle Manöver der Lo Iaconos und Provenzanos parieren, die natürlich alles tun würden, um von unserer Schwäche zu profitieren und uns die Geschäfte zu verderben und aus Partinico zu vertreiben. Wir mussten neue Vertrauensmänner finden, um einigen Leuten zu demonstrieren, wer das Sagen hatte, wir mussten allen, die mit uns »zu tun« hatten, verständlich machen, dass alles genauso weiterlaufen würde wie bisher und sie weiterhin zahlen müssten. Wir mussten Leute finden, die uns bei der Geldwäsche halfen, und wir mussten am Leben bleiben.

Am 23. April, neun Tage nach der Festnahme Vitos, besuchte ich Nardo im Gefängnis, weil wir über all dies reden mussten. Dieses Gespräch habe ich später, nach meiner Verhaftung und als Pentita, in den Akten über mich wiedergefunden. Sie hörten uns nämlich ab, denn so vorsichtig wir auch waren, die Besuche im Gefängnis waren die einzige Möglichkeit, miteinander zu kommunizieren. Nardo war nervös und gab noch immer Befehle; aber ich war diejenige, die sie ausführte, ich wusste um die Gefahren, die uns drohten, und setzte ihn darüber ins Bild. Ich sagte ihm, dass *Fifiddu*, Fifetto Nania, über Salvatore Riina zu Provenzano Kontakt aufgenommen hatte. Bei diesem Riina handelte es sich jedoch nicht um *zu* Totò, sondern um jemanden gleichen Namens, den ich Mortadella nannte, weil er ein Lebensmittelgeschäft ganz bei uns in der Nähe betrieb. Dieser Mortadella hatte in Partinico eine Wohnung an Provenzanos Schwager Paolo Palazzolo vermietet. Leonardo brauchte nicht lange, um zu kapieren, dass Maurizio Lo Iacono, Fifetto Nania und Mortadella uns ans Leder wollten, und wurde nicht müde, mir und Vitos Sohn Giovanni gegenüber zu wiederholen, dass sie dringend, dringend, dringend beseitigt werden mussten, bevor sie uns »verrieten und zum Schlachter führten«. Das waren seine Worte. Aber einen Mord zu planen ist nicht so einfach. Man darf keinerlei Verdacht erregen, muss den richtigen Mann finden, den keiner im Dorf kennt, und muss alle möglichen Vorsichtsmaßnahmen treffen. Nachdem ich mit Nardo gesprochen hatte, beschloss ich, Maurizio Lo Iacono um ein Treffen zu bitten. Ich wollte ihm ins Gesicht sehen und hören, was er zu sagen hatte. Und ich wollte wissen, ob er hinter den vielen Brandanschlägen steckte, die sich in letzter Zeit bei uns im Ort gehäuft hatten. Er stand in engem freundschaftlichem Kontakt zu Provenzano, und da auch Lo Iacono untergetaucht war, traf er sich eigentlich mit niemandem. Ich nahm über seine Tochter Verbindung zu ihm auf und fuhr schließlich alleine zu ihm hin.

Das Treffen sollte in der Nähe von Partinico in einer unbewohnten Gegend stattfinden. Wie vereinbart machte ich mich allein auf den Weg. An meinem Ziel angekommen, sah ich zwei Leute in einem Auto durch die Gegend fahren, an einem Ort, an dem sich nie eine Sterbensseele aufhält. Lo Iacono dagegen war nirgends zu sehen, aber die beiden mussten meinetwegen da sein. In der Nähe hatten meine Brüder ein Landhäuschen, in dem sie Waffen versteckt hielten. Dorthin flüchtete ich mich. Wenn ich schon sterben musste, dann wenigstens nicht, ohne mich verteidigt zu haben. Im Übrigen war es nicht das erste Mal, dass ich eine Waffe in der Hand hielt, um mich und meine Brüder zu decken. Das erste Mal war es zusammen mit Vito passiert: Er hatte mich zu einem Treffen mit zwei untergetauchten Mafiosi – Schwiegervater und Schwiegersohn – mitgenommen, die sich aus dem Staub machen wollten, weil sie wussten, dass sie kurz vor der Verhaftung standen. Sie planten, Italien zu verlassen, und baten Vito um Erlaubnis. Mein Bruder gab sie ihnen, weil sie keine wichtigen Leute waren, aber dann fingen sie an, schlecht über uns zu reden. Verbarrikadiert in diesem Landhaus, erinnerte ich mich an das Adrenalin, das damals durch meinen Körper gejagt war, während ich meinem Bruder Seitendeckung gegeben hatte; jetzt aber ging es um mich, und ich war ganz allein. Die beiden ließen sich jedoch nicht blicken, und auch von Lo Iacono keine Spur. Ich sollte ihn erst zu einem späteren Zeitpunkt treffen, und zwar mehrfach, in der Nähe von Terrasini und in Palermo, über Vermittlung Giuseppe Riinas, des Sohns von Mortadella. Lo Iacono versicherte mir, nichts mit den Brandanschlägen zu tun zu haben, aber die Botschaft war klar. Meiner Meinung nach sagte er nicht die Wahrheit, und so vermied ich zukünftig, wenn ich mich mit anderen Ehrenmännern traf, allein zu sein.

Unterstützung bekam ich eigentlich nur von Michele Seidita, einem schon etwas betagteren Mitarbeiter von uns, den ich seit meiner Kindheit kannte. Er war der Firmpate meiner Schwester Nina und ich die Taufpatin eines seiner Kinder. Michele begleitete mich, wenn ich mit Untergetauchten oder Ehrenmännern verabredet war, manchmal kam aber auch Angelo mit, obwohl er mit den Angelegenheiten meiner Familie sonst nichts zu schaffen hatte. Alle wussten, dass Nardo und Vito für mich die Hand ins Feuer legten, und ich hatte es ebenfalls allen gesagt: Ignazio

Melodia aus Alcamo, Mimmo Raccuglia, dem »Tierarzt«, aus Altofonte, Matteo Messina Denaro, Davì Giò, Salvatore Coppola und Antonino Sciortino. Und Michele Seidita legte sich für mich ins Zeug. Auch er ist später verhaftet worden und zum Pentito geworden. Er war es, der den Mord am falschen Salvatore Riina, also Mortadella, organisierte. Und das brauchte Zeit. Zunächst gingen Seidita und ich zu einem anderen *Fifiddu, zu* Fifiddu Soffietto; Mortadella hatte ihm gegenüber geäußert, wir Fardazza seien so gut wie erledigt. Soffietto machte sich immer breiter, meinte, sich in das Geschäft um öffentliche Auftragsvergaben einmischen zu können, und brüstete sich auch noch mit seiner Dreistigkeit. Er zählte darauf, dass Nardo und Vito im Gefängnis saßen und seine Freunde Lo Iacono und Nania wie Kletten an Provenzano hingen. Dann beobachteten wir, wohin er fuhr, was er gewöhnlich tat und wo es am einfachsten wäre, ihn umzubringen. Seidita dachte zunächst daran, ihn in einem seiner Häuschen am Meer zu töten, wo er von Zeit zu Zeit war, aber wir verwarfen diesen Plan wieder, weil er zu unsicher war. Am Ende würde man ihm an einem bestimmten Abend einen Hinterhalt stellen, und dann käme er nicht. Der einzige Ort, den er garantiert immer wieder aufsuchte, war die Garage in der Nähe seines Hauses, aber die stand mitten im Ort, also mussten wir sehr vorsichtig sein. Leonardo wurde langsam ungeduldig. Er machte uns die Hölle heiß, warum wir den falschen Riina nicht schon längst aus dem Weg geräumt hatten.

»Du denkst wohl, das wäre ein Kinderspiel!«, sagte ich bei einer Unterredung Ende Mai zu ihm, bei der auch seine Frau anwesend war.

»Ich weiß schon, dass das kein Kinderspiel ist«, sagte er und lachte dabei.

»Siehst du?«
Da wurde er sehr wütend:
»Dann geht doch lieber aufs Feld und arbeitet! Ihr seid lächerlich... Geht doch wieder die Erde umgraben! Dann gibt's nichts mehr zu diskutieren... Überhaupt gibt es nichts mehr zu diskutieren! Wir sind schließlich nicht im Parlament! Aber auch nicht im Puff... Macht doch, was ihr wollt!«
Das war seine Art, uns das Gefühl totaler Unfähigkeit zu geben, weil wir nicht einmal in der Lage waren, einen Salamihändler um die Ecke zu bringen, der meinte, uns Steine in den Weg legen zu müssen. Wenn es nach Leonardo gegangen wäre, hätten wir nicht nur Mortadella, sondern auch Salvatore Coppola, Maurizio Lo Iacono und Fifetto Nania zur Strecke bringen müssen, also alle Männer Provenzanos, die im Bezirk Partinico unterwegs waren. Mortadella, den falschen Salvatore Riina, haben wir aber tatsächlich »ausgelöscht«. Am 20. Juni 1998 wartete sein Mörder in der Garage seines Hauses auf ihn und erschoss ihn. Wer aber war sein Killer? An dieser Stelle wird es kompliziert, denn meine Version der Ereignisse stimmt nicht mit derjenigen Michele Seiditas überein, als er geständig geworden war.

Michele zufolge habe er selbst meinen Mann Angelo Caleca beauftragt, Riina zu beobachten, weil wir nicht weit entfernt von ihm wohnten und es keinen Verdacht erregte, wenn er die Straße entlangkam. Am Morgen des Mordes habe er Angelo angekündigt, abends um zehn vorbeikommen zu wollen, um die Pistole abzuholen, die wir ihm zur Verfügung stellen sollten. Er wollte die Sache auf dem Fahrrad erledigen, um weniger aufzufallen. Ich glaube nicht, dass man ihm das abgenommen hat. Er hat behauptet, sich verkleidet zu haben: Er habe einen Trainingsanzug und darüber eine Sportjacke getragen; nachdem Angelo ihm in einem Schuhkarton die Pistole übergeben habe, habe er sich die Waffe hinter den Gummibund seiner Hose gesteckt, eine Mütze aufgesetzt und sei mit dem Fahrrad losgefahren, um sich dann in oder neben der Garage Mortadellas zu postieren. Als Riina seinen Wagen wie gewohnt parken wollte, habe er ihn erschossen und sich dann wieder aufs Fahrrad geschwungen, um den einen Kilometer zurück in das Lagerhäuschen zu fahren, von wo er gekommen war, um sich umzuziehen und Kleider und Pistole verschwinden zu lassen. Die Kleider habe er verbrannt und die Überreste in einen Müllcontainer geschmissen. Die Pistole habe er versteckt und ein paar Tage später ins Meer geworfen. Er sagte auch aus, sich nach der Tat die Hände mit dem eigenen Urin gewaschen zu haben, weil er gehört hatte, dass dies die Schmauchspuren verschwinden lasse.

Michele Seidita war kein junger Mann mehr und zu jener Zeit auch ziemlich korpulent. Mit einem Trainingsanzug wäre er im Dorf mit Sicherheit aufgefallen, selbst um zehn Uhr abends, ob mit Mütze oder ohne. Außerdem hat er offenbar zuerst ausgesagt, er habe eine Perücke getragen, was er später wieder bestritt. Und die Pistole im Hosenbund wäre ihm doch garantiert rausgefallen. Jedenfalls kann ich mir Michele beim besten Willen nicht auf einem Fahrrad vorstellen, wie er schwitzend in die Pedale tritt, schießt und wieder nach Hause fährt. Wenn es nicht so tragisch wäre, fast eine komische Vorstellung. Meiner Meinung nach ist die Sache aber anders gelaufen.

Den falschen Salvatore Riina hat Salvatore Francesco Pezzino, Seiditas Schwager, erschossen. Wahrscheinlich hat Seidita den Mord auf seine Kappe genommen, um seinen Verwandten zu schützen. Leonardo hatte mir Pezzino als einen seiner Männer geschildert, denen er vertraute, einen, der auch für Brusca und Totò Riina, den echten, gearbeitet hatte. Er saß in der Toskana im Gefängnis, aber wir wussten, dass er eine Sondererlaubnis hatte, um nach Sizilien zu fahren und seine Mutter zu besuchen, und dann wieder zurückfahren würde. Das war perfekt für uns. Kaum war Pezzino in Partinico angekommen, habe ich persönlich mit ihm über die Angelegenheit gesprochen. Ich habe ihm gesagt, dass der falsche Riina beseitigt werden müsse, und er meinte, das sei kein Problem für ihn. Dann fingen Pezzino und Seidita an, Mortadella zu beschatten, und fanden heraus, dass er sein Auto jeden Abend in einer Garage in der Via del Merlo abstellte, ganz in der Nähe seines und unseres Hauses. Wir wussten, dass Riina am 20. Juni, einem Samstag, zu einem Geburtstagsessen eingeladen war. Der Plan war also der, an jenem Abend in der Nähe seiner Garage auf ihn zu warten und ihn zu erschießen.

Am Abend des 20. Juni gingen Angelo und ich um zwanzig Uhr in die Pizzeria von Mirage di Trappeto, einer Verwandten meines Mannes. Sie hatte gerade erst eröffnet und brauchte ein wenig Hilfe. Ich war um zehn, Viertel nach zehn bei mir zu Hause mit Pezzino verabredet, um ihm die Pistole zu übergeben, die ich mir schon zwei oder drei Tage vorher besorgt hatte, ebenso wie das Fahrrad, mit dem er nach der Tat flüchten sollte. In der Pizzeria waren auch die Kinder und Angelos Bruder mit seiner Frau. Wir waren ziemlich viele Leute. Ich hatte mich nicht an einen der Tische gesetzt, sondern beim Servieren geholfen, und um zehn sagte ich zu meinem Mann, ich müsse noch einmal schnell auf einen Sprung nach Hause, weil ich etwas für meinen Sohn Francesco vergessen hätte. »Wie bitte?«, gab er zurück. »Hast du seine Tasche vergessen?« Nein, die Tasche hätte ich dabei, aber den Schlafanzug nicht ... Wir fingen an zu streiten; er war eifersüchtig und warf mir vor, ich wolle mich mit einem Liebhaber treffen. Ich erwiderte, er könne ja mitkommen, wenn er mir nicht glaube. Als wir bei uns zu Hause ankamen, ließ ich ihn im Auto warten, während ich reinging, um den vermaledeiten Schlafanzug zu holen. Ich ließ mir Zeit, weil ich ja auf Pezzino warten musste. Und während ich in der Wäsche meines Kindes wühlte, klingelte Angelo an der Haustür und sagte mir durch die Sprechanlage, dass mein Patenonkel da sei, mit anderen Worten Seidita, und Franco Pezzino. Ich ging mit Pezzino in die Garage und übergab ihm sowohl die Pistole als auch das Fahrrad, während Michele sich im Hauseingang mit meinem Mann unterhielt. Nach zehn Minuten machte er sich wieder auf.

Als ich ihm die Pistole aushändigte, versteckte Pezzino sie sofort in der Hüfttasche. Er hatte wirklich einen Trainingsanzug an, und zwar eine schwarze, eng anliegende Fahrradkluft; er trug auch spezielle Fahrradhandschuhe aus gelochtem Leder und eine bunte Schirmmütze. Eine Perücke brauchte er nicht, weil ihn in Partinico sowieso kaum jemand kannte.

Angelo und ich fuhren zurück zur Pizzeria, und ausgerechnet dort, links neben dem Eingang, saß Giuseppe Riina, der Sohn Mortadellas, mit seiner Verlobten und Freunden an einem Tisch. Kaum hatte er uns gesehen, grüßte er uns und fing an, mit meinem Sohn Francesco herumzualbern, indem er ihn huckepack nahm. Ich machte mich wieder ans Servieren. Irgendwann – sie hatten gerade noch Chips gegessen und auf ihre Pizza gewartet – waren Giuseppe Riina und seine Freunde plötzlich verschwunden. Die anderen begriffen nicht, was los war, aber mir war klar, was passiert sein musste. Offensichtlich hatte man ihn über Handy darüber informiert, dass sein Vater erschossen worden war.

Angelo und ich blieben mit den Kindern in der Pizzeria, bis Pino Amato um Mitternacht kam, um mir zu sagen, dass Michele Seidita mich sehen wolle. Bei ihm zu Hause war die ganze Familie versammelt, inklusive Pezzino. Wir begrüßten uns, es herrschte Partystimmung. Mein Patenonkel Seidita lachte, und ich fragte ihn:

»Warum lachst du? Und warum hast du nach mir geschickt? Wir hätten uns doch morgen sehen können.«

»Ich wollte mit dir anstoßen, mit meinem Patenkind... Das wird doch wohl noch erlaubt sein?«

Ich fand allerdings nicht, dass dies der richtige Moment zum Feiern war, und hatte es eilig, nach Hause zu fahren. Seidita brachte mich zur Tür, und als wir außer Hörweite der anderen waren, sagte er mir, dass Pezzino *alles Nötige* erledigt habe.

Der Adler und das Huhn

Nachricht an einen Adler, der sich für ein Huhn hält: So lautete der Titel eines Buches von Anthony De Mello, das mein Anwalt mir nach meiner Verhaftung schenkte. Denn sie haben mich verhaftet, es ging alles ganz schnell: am 25. Juni 1998. Es war nicht nur mein Nachname, der mir zum Verhängnis wurden, sondern es waren auch die Abhöraktionen während meiner Besuche bei Leonardo im Gefängnis. Ob ich damit gerechnet hatte? Nein, ich hatte nicht damit gerechnet, denn wenn man in Gefahr ist, denkt man nicht darüber nach, weil man sonst gelähmt wäre. Es ist dasselbe wie mit der Angst. Man hat eigentlich immer Angst, aber man verdrängt sie, ignoriert sie, sonst bringt sie einen um. Wenn es dann aber so weit ist und du vor vollendeten Tatsachen stehst, weil sie dich verhaften, dann bist du zwar wütend, aber du erkennst endlich, dass es so kommen musste. Du suchst die Schuld noch immer bei den anderen, den Bullen, den Verrätern, dem Schicksal, selbst Gott, dem Allmächtigen, aber tief in dir weißt du längst, dass diese Entschuldigungen alle nichts wert sind. Und dann fängst du an, wirklich über alles nachzudenken.

Ich tat immer, was man mir sagte, arbeitete, plante, traf Vorkehrungen ... Aber ich legte mir nie Rechenschaft ab über das, was ich tat. Ich lebte wie in einem Film, der nicht der meine war, sondern der von Nardo, Vito und Michele. Ich lebte die Geschichte meiner Brüder, nicht meine eigene. Das Buch, das mein Anwalt mir schenkte, habe ich hundert-, tausendmal gelesen. Ich lernte es auswendig, während ich in meiner zwei Quadratmeter großen Zelle saß, keinen Bissen hinunterbrachte, nicht schlafen konnte und meine Kinder vermisste ebenso wie das Leben, das ich bis dahin geführt hatte. In diesem Buch steht, dass man nicht lebt, um die Erwartungen der anderen zu erfüllen, selbst dann nicht, wenn man diese anderen liebt und sie dich lieben: Das ist nicht das Leben. De Mello schreibt darin auch, dass die Mehrheit der Menschen ihr Leben nicht bewusst, sondern mechanisch lebt; sie haben mechanische Gedanken – meist die Gedanken von anderen –, mechanische Gefühle, sie führen ihre Handlungen mechanisch aus, sie reagieren mechanisch.

Was wäre gewesen, wenn ich nicht in Partinico geboren worden wäre? Wenn ich nicht eine Frau, sondern ein Mann gewesen wäre? Wenn ich nicht Nardo, Vito und Michele als Brüder gehabt hätte? Ich habe mir von ihnen sagen lassen, wer ich war, wer ich zu sein hatte; ich wollte sein wie sie und wünschte mir, dass sie stolz auf mich wären. In De Mellos Buch steht auch: »Wollt ihr wissen, wie mechanisch ihr wirklich lebt? Denkt an das Hemd, das ihr tragt, und wie sehr ihr euch freut, wenn euch jemand sagt, dass es schön ist.« Aber hier ging es nicht um mein Hemd, sondern um mich selbst! Und es heißt da: »Wenn man anfängt sich zu fragen: ›Wer bin ich wirklich?‹, fühlt man sich erst einmal schlecht.« Und ich fühlte mich schlecht. Als die Giuseppina, die ich vorher war, fühlte ich mich beinahe immer stark; jetzt, während ich mich fragte, wer ich, und zwar nur ich, war, fühlte ich mich hundeelend und schwach, konnte mir weder für mich noch meine Kinder eine Zukunft vorstellen.

Doch so kam ich nicht dazu, Kronzeugin zu werden. Ich war entschlossen, die Wahrheit zu sagen, weil es für mich nicht infrage kam, mich aus der Verantwortung zu stehlen – und das kann mein Anwalt bezeugen –, aber ich war nicht willens, mit der Polizei zu kooperieren. Am Anfang dachte ich, irgendwie würde ich schon wieder aus der Sache herauskommen. Ich blieb vom 25. Juni 1998 bis zum 25. Dezember 2002 im Gefängnis, und die Anklage lautete wie immer Zugehörigkeit zu einer mafiösen Vereinigung nach Paragraph 416 b, der unsere Familie von Anfang an verfolgt hatte. Am 3. März 2003 haben sie mich jedoch zum zweiten Mal verhaftet, diesmal wegen Beihilfe zum Mord am falschen Salvatore Riina. Ich machte mich auf verschärfte Haftbedingungen gefasst: Illusionen konnte ich mir keine mehr machen, und erneut ins Gefängnis zu wandern, nachdem man schon einmal entlassen worden ist, gehört zum Allerschlimmsten. Meine Kinder waren so lange bei meiner Schwester Nina untergekommen, ich erkannte sie kaum noch. Und alle Verwandten, die mich besuchen kamen, weinten ohne Unterlass, und ich war diejenige, die sie trösten musste. Aber auch ich war wirklich verzweifelt. Dann kam der Zufall ins Spiel: Ich traf Alfio Garozzo wieder.

Ich hatte Garozzo ungefähr ein Jahr vor meiner Verhaftung kennengelernt, es mag 1997 gewesen sein. Er nannte sich Luigi, und ich traf ihn ein paar Mal, um ihm Geld zu geben, das gewaschen werden sollte. Das Ganze wurde von einem Mittelsmann aus Ragusa organisiert, den ich immer dann anrief, wenn ich Garozzo sehen wollte. Einmal konnte er nicht gleich wieder fahren, und ich habe ihn in einem unserer Häuser in Baronia übernachten lassen. Ich freundete mich mit ihm an. Wir hatten keine Affäre, es war eine Freundschaft zwischen Leuten, die Geschäfte miteinander machten. Er hatte etwas an sich, das mich störte. Er war arrogant und tauchte immer in extravaganten, dicken Autos auf und wollte nicht einsehen, dass so etwas in einem Dorf wie Partinico auffiel und Verdacht erregte. Und weil er viele schöne Frauen gehabt hatte, dachte er, alle Frauen müssten ihm zu Füßen liegen. Einmal hat er versucht, mich zu küssen – und hat sich dabei eine deftige Ohrfeige eingefangen. So überheblich er war – ich konnte noch viel arroganter sein. Aber ich musste ihn mir auch warmhalten, denn mit Nardo und Vito im Gefängnis war ich auf einen Kreis von Leuten angewiesen, auf die ich zählen konnte. Es war deprimierend. Ich musste Morde organisieren, mir von meinen Brüdern, die im Gefängnis saßen, vorwerfen lassen, dass ich eine Versagerin war, und wenn ich nach Hause kam, gab es nur Streit und regelmäßig Prügel von meinem Mann. Ich konnte nicht mehr. Es gab Tage, da hätte ich am liebsten alles stehen und liegen lassen und wäre auf und davon, raus aus der ganzen Misere. Einmal sagte ich Garrozzo, dass ich darüber nachdachte, abzuhauen, und er antwortete ganz ruhig:

»Mach dir keine Gedanken, ich helf dir dabei.«

Dann schlug er mir ein Geschäft vor, bei dem ich angeblich einen Riesenbatzen Geld verdienen würde, mit dem ich mir ein neues Leben würde aufbauen können. Ich war einverstanden, aber dann wurde ich festgenommen, und aus den Plänen wurde nichts.

Ich bildete mir ein, Garozzo zu kennen, aber in Wahrheit wusste ich rein gar nichts über ihn. Ich war schon im Gefängnis, als mich die Nachricht erreichte, dass ein Pentito einen gefährlichen Autounfall gehabt hatte: Garozzo! Ich hatte mein schmutziges Geld jemandem gegeben, der mit der Justiz zusammenarbeitete, aus meiner damaligen Sicht also einem Verräter! Er hatte den Unfall überlebt, und in dem schrottreifen Wagen fand man einen Haufen Geld. Trotz erheblicher Hindernisse gelang es mir, ihm einen Zettel zukommen zu lassen, in dem ich ihn nach dem

Verbleib meines Geldes fragte; ich war meinen Brüdern Rechenschaft schuldig. Aber ich erhielt keine Antwort. Für mich galten verschärfte Haftbedingungen, ich hatte also keinerlei zuverlässige Kontakte, und außerdem versetzten sie mich ständig ohne Vorwarnung von einem Knast in den nächsten. Ich saß in Trapani, Bologna, Messina, Lecce und Palermo, und in all diesen Gefängnissen vermied ich jeglichen Ärger und redete nur so viel wie nötig mit anderen. Ich bekam natürlich mit, was um mich herum geschah: Man schickte Zettelchen hin und her, meist versteckt in Feuerzeugen, und die Wärter taten so, als merkten sie nichts, und ließen sich als Gegenleistung Zigaretten geben. Mich interessierte das alles nicht. Einmal setzte sich ein junger Mann mit mir in Verbindung, um mir mitzuteilen, er sei ein Freund meiner Brüder und »stelle sich zur Verfügung«. Nicht einmal ihm hörte ich zu. Ich versuchte, meine Würde zu bewahren, aber an den meisten Tagen saß ich wie versteinert auf meiner Pritsche, aß nicht, schlief nicht und wartete, dass die Zeit verging. Ich spürte nur noch eine große Leere.

Bis sie mich ins Pagliarelli-Gefängnis in Palermo verlegten, wo ich in einer Zelle unter dem Männertrakt untergebracht war, in dem die ehemaligen Kronzeugen saßen. Ich dachte an nichts weniger als an Garozzo. Aber er war dort, man hatte ihn 2001 geschnappt, und er musste noch bis 2012 sitzen. Ich wusste nichts davon, genauso wenig wie von dem Umstand, dass sie ihn aus dem Zeugenschutzprogramm entfernt hatten, aber er war es, der sich mit mir in Verbindung setzte. Ich weiß nicht, woher er wusste, dass auch ich dort war und sich meine Zelle genau unter seiner befand. Vielleicht hatte er jemanden bestochen, vielleicht hat er mich an der Stimme erkannt. Wenn man in dem Kiosk des Gefängnisses einkaufte, bekam man Vor- und

Nachnamen der Insassen mit, vielleicht hatte er es auch so erfahren. Jedenfalls fing er an, nach mir zu rufen, ließ mir Nachrichten zukommen und machte Klopfzeichen auf seinem Zellenboden, der ja gleichzeitig meine Zellendecke war. Er sagte, er wolle mir helfen. Er schrieb: »Lass mich deine Prozessakten lesen, dann nehm ich ihn auseinander«, und Ähnliches. Was sollte ich damit anfangen? Ich war verzweifelt, um mich herum waren nur Unbekannte, die mir zusetzten, wo sie nur konnten, also habe ich ihm geglaubt. Ich wusste damals schon, dass er Kronzeuge gewesen war und mir nie reinen Wein eingeschenkt hatte, aber in jenem Moment glaubte ich ihm.

Ich gab ihm die Akten meines Prozesses um den Mord am falschen Riina; Michele Seidita war in der Zwischenzeit verhaftet worden und hatte ausgesagt, den Mord auf meinen und den Auftrag meiner Brüder hin ausgeführt zu haben. Vor allem aber zog er meinen Mann mit hinein, indem er behauptete, Angelo habe ihm die Pistole am Abend der Tat in einer Schuhschachtel übergeben. Das war eine Lüge, ebenso wie der Rest der Geschichte mit dem Trainingsanzug, dem Fahrrad und der Perücke. Garozzo war bereit, Seidita zu diskreditieren, er war bereit, vor Gericht als Zeuge auszusagen und zu behaupten, dass Michele log. Das ging natürlich nur, wenn er eine Falschaussage machte. Schließlich sagte er, dass alles viel einfacher wäre, wenn ich selbst aussagen würde, und zwar als Kronzeugin.

Bis zu diesem Zeitpunkt hatte ich nicht im Traum an diese Möglichkeit gedacht. Ein Kronzeuge war für mich ein Verräter, und ich hoffte noch immer, meine Anwälte würden mich aus dem ganzen Schlamassel herausboxen. Ich wog nur noch achtundvierzig Kilo, schlief kaum und war nicht mehr recht bei Sinnen. Und Garozzo bombardierte mich weiter: »Ich sorge schon noch dafür, dass du als Kronzeugin aussagst, glaub mir ... Du hast keine andere Wahl ...« Aber ich wollte ihm nicht glauben. Dann begann er mir zu drohen, indem er meine Kinder ins Spiel brachte. »Die einzige Möglichkeit, dich zur Zusammenarbeit mit der Justiz zu bringen«, schrieb er mir, »sind deine Kinder und das, was dir am liebsten ist auf der Welt.« Aber ich reagierte noch immer nicht. Er sagte, er wolle sich mit mir ein neues Leben aufbauen, wir würden zusammenleben – gemeinsam mit Francesco und Rita. Eines Tages ließ er mir ein Foto von meinen Kindern auf dem Land zukommen. Und da bekam ich es mit der Angst zu tun. Bei Ninas nächstem Besuch fragte ich sie:

»Warum hast du Francesco aufs Land geschickt? Er hat da nichts zu suchen!«

Irgendwann konnte ich nicht mehr und ließ der Gefängnisdirektorin ausrichten, dass ich als Kronzeugin aussagen wollte. Aber damit gab sich Garozzo nicht zufrieden. Er setzte mich noch mehr unter Druck, weil er wollte, dass ich klar und deutlich sagte, dass er derjenige war, der mich davon überzeugt hatte, mit der Justiz zusammenzuarbeiten; dass wir ein Herz und eine Seele waren, dass ich nur in seiner Gegenwart reden würde, weil wir uns liebten und gemeinsam an einem Zeugenschutzprogramm teilnehmen wollten. Von jetzt an durfte ich erst recht nicht mehr mit den Wärtern sprechen. Ich musste den ganzen Tag im Schlafanzug bleiben, durfte die Zelle nicht verlassen und musste ihm jeden Tag auf mindestens elf Seiten schreiben, was ich alles tat und dachte. Ich konnte nicht einen Augenblick abschalten. Einmal schaffte er es, mir, während ich schlief, ein weißes Blatt aufs Bett legen zu lassen.

Ich hatte einen Pakt mit dem Teufel gemacht; und ich war überzeugt, dass Garozzo neun Seelen hatte.

Im Juli 2004, ich war zweiunddreißig Jahre alt, fand die erste Begegnung mit Piero Grasso, dem Staatsanwalt von Palermo, und dem Richter Maurizio De Lucia statt. Garozzo hatte mir genau vorgeschrieben, was ich aussagen sollte. Vor allem sollte ich sagen, dass ich aus Liebe Kronzeugin werden wollte, und das tat ich auch. Ich habe ihm bis ins kleinste Detail Folge geleistet. Ich war ihm vollständig hörig. Und doch wusste ich, dass ich mich von ihm befreien musste, wenn ich nicht wahnsinnig werden wollte. Ich ließ die Gefängnisdirektorin rufen und bat sie, Grasso und De Lucia noch einmal zu mir zu schicken. Kaum waren sie bei mir, sagte ich ihnen, dass ich es mir anders überlegt hatte und doch nicht aussagen wollte, dass ich noch einmal darüber nachdenken müsse, dass ich gar nichts mehr sicher wisse. Eines wenigstens erreichte ich: Sie brachten mich weg aus Palermo und verlegten mich in das Gefängnis von Lecce. Es war eine harte Schule. Dort erreichte mich binnen Kurzem ein Verlobungsring. Er war von Alfio Garozzo.

Ich, Giuseppina Vitale

Den Gemeinschaftsbogen, also eine schriftliche Bestätigung darüber, dass Alfio Garozzo und ich ein Paar waren, habe ich erst in Rebibbia ausgefüllt, wohin sie mich nach Lecce gebracht hatten. Das war im September 2004, und meine Situation hatte sich nicht im Geringsten verbessert. Ich war in einer Zelle untergebracht, die so dreckig war, dass dort Mäuse lebten. Ich hatte immer schon Angst vor Mäusen, aber das Schlimmste war, dass ich wirklich krank geworden war. Ich aß und schlief noch immer nicht, und die Wärter hatten Tag und Nacht ein Auge auf mich, weil sie befürchteten, ich könnte mir das Leben nehmen. Ich litt furchtbare Qualen, und weil mein Peiniger nicht mehr in der Nähe war, begann ich zum ersten Mal, über mich selbst nachzudenken, darüber, wer ich war und was ich wollte. Ich habe Garozzo nie geliebt, aber durch ihn wurde mir klar, dass er nicht viel besser als meine Brüder war: Sie alle waren Männer, die über mein Leben bestimmten, die mich dazu brachten, zu tun, was sie wollten, und zwar so lange, bis ich nicht mehr wusste, wer ich war.

Am 16. Februar 2005 habe ich begonnen, mit der Justiz zusammenzuarbeiten, aber diesmal ernsthaft, weil ich selbst es wollte und nicht weil Garozzo mich dazu überredet hatte. Ich vertraute nur Giuseppina und ihrem Überlebenswillen. Die Zeitungen wollten es nicht glauben. Für sie war ich die »Mafia-Lady«, die »aus Liebe zur Kronzeugin« wurde. Sie hörten auf Garozzo, der die italienischen Nachrichtenagenturen mit Telegrammen und Meldungen versorgte. Als Anfang März die Nachricht kursierte, dass die »blutrünstige Bezirkschefin von Partinico« mit der Justiz kollaboriere, weil sie sich in Giuseppe Garozzo verliebt habe, informierte Alfio sofort alle Nachrichtenagenturen, dass sich bei seinem Namen ein Fehler eingeschlichen habe und er, Alfio Garozzo, mein Lebensgefährte sei. Er konnte ja noch nicht wissen, dass er nicht Teil meines Zeugenschutzprogramms war, weil ich mich für einen anderen Weg entschieden hatte. Aber er sollte es sehr bald erfahren.

Am 20. März 2005, als man mir mitteilte, dass meine Kinder endlich mit in das Schutzprogramm aufgenommen worden waren, konnte ich aufatmen. Der Albtraum, der mein gesamtes bisheriges Leben bestimmt hatte, war vorbei.

Wenn ich heute sage, dass ich erst im Gefängnis gelernt habe, was Freiheit ist, glaubt mir das niemand. In jenem März 2005 habe ich wieder angefangen zu schlafen und zu essen. Ich hielt meine Zelle peinlich sauber und wechselte sogar von Zeit zu Zeit mit den anderen Insassen ein paar Worte. In meiner Zelle gab es eine Leiter, die ich andauernd polierte: Sie war die sauberste Leiter im ganzen Gefängnis. Aber vor allem gehörten meine Gedanken mir, meine Zeit gehörte mir, ich gehörte mir. Und ich wollte nicht nur für mich, sondern vor allem für meine Kinder leben. Es würde nicht einfach werden, aber ich war noch jung, ich war erst dreiunddreißig Jahre alt und konnte noch einmal von vorne anfangen. Ich wusste, dass die anderen, und zwar alle anderen, es nicht gut aufnehmen würden, angefangen von meinen Familienangehörigen bis zu meinem angeblichen Liebhaber. Und so kam es dann auch.

Alfio Garozzo spielte total verrückt und trug dick auf: Er verleumdete die Richter, die meine Prozesse führten, und um zu beweisen, dass er im Recht war, dass wir wirklich ein Liebespaar waren, gab er die Briefe heraus, die ich ihm im Gefängnis geschrieben hatte. Leider war ich so naiv gewesen, seine Briefe an mich seiner Schwester zu geben. Ich sagte aus, in welchem Zustand ich mich befunden hatte, als ich sie schrieb, und dass mir Garozzos Vorschläge damals die beste Lösung zu sein schienen. Allerdings stellte Garozzo dem Gericht nie die vollständigen Originale der Briefe zur Verfügung, sondern nur ausgewählte Passagen, die er beliebig zusammengestellt hatte. Häufig gab er Kopien davon auch an die Presse weiter – so überschüttete er die Nachrichtenagentur ANSA ein ganzes Jahr lang damit, und ich bin mir ziemlich sicher, dass er es wieder tun würde, falls sich eine Gelegenheit bietet. Aber jetzt, da meine Kinder in Sicherheit sind, spielt es für mich keine Rolle mehr, was er tut. Ich würde allerdings lügen, wenn ich behauptete, dass mir die Reaktionen meiner Brüder nicht wehgetan hätten.

Ich habe die Zeitungsausschnitte mit ihren Äußerungen aufbewahrt und lese sie von Zeit zu Zeit wieder.

Der Mafia-Boss Leonardo Vitale hat sich öffentlich von seiner Schwester Giuseppina losgesagt, die seit Mitte Februar als Kronzeugin die Geheimnisse des Partinico-Clans enthüllt, dem sie nach der Verhaftung ihrer Brüder vorgestanden hatte. Leonardo Vitale sprach die Verwünschung seiner Schwester während einer Videokonferenz mit dem Schwurgericht in Palermo aus – er selbst sitzt im Bezirksgefängnis von Parma in Haft. Seine Aussage wurde während des Prozesses um den Mord an dem Kaufmann Salvatore Riina (die Namensgleichheit mit dem Corleoneser Mafia-Boss ist rein zufällig) in den Gerichtssaal übertragen:

»Ich habe erfahren, dass eine frühere Blutsverwandte von mir mit der Justiz kollaboriert. Wir sagen uns von ihr los, ob lebendig oder tot, was sie hoffentlich bald sein wird.«

Das schmerzt mich natürlich, denn trotz allem liebe ich meine Brüder noch immer und hoffe, dass sie bald zu derselben Einsicht gelangen wie ich. Aber ihr Verhalten hilft mir auch, meine Vergangenheit zu verstehen, und dient mir als Ansporn, Francesco und Rita die richtigen Werte mit auf den Weg zu geben und mit ihnen nicht dieselben Fehler zu wiederholen, die meine Familie mit mir gemacht hat.

Nachwort von Camilla Costanzo

Wie so häufig ist dieses Buch, dieses Abenteuer, aus einer Begegnung entstanden. Um genauer zu sein, aus einer Begegnung, der eine Reihe weiterer Treffen folgte. Und es war nicht geplant, wie alle Abenteuer, die diesen Namen verdienen.

Giuseppina Vitale kennenzulernen war für mich ein Abenteuer. Ich war keine ausgewiesene Kennerin der Mafia, mein einziger »Kontakt« mit ihr, wenn man so will, war 1992, als ich um ein Haar meinen Vater bei einem der vielen von Salvatore Riina angeordneten Attentate verloren hätte, zu einer Zeit, als die Cosa Nostra aus ihrer Deckung kam und ihre ganze Macht unter Beweis stellte, indem sie den italienischen Staat erpresste.

Ich bin Drehbuchautorin, mein Beruf ist es, Geschichten zu erzählen. Ich schätze, daher kommt es, dass ich Menschen gut zuhören kann, denn jeder Mensch erzählt eine Geschichte, lebt einen Roman, trägt eine Welt in sich, die entdeckt werden will.

Ein Jahr ist es her, dass Massimo Proietti, dem ich dieses Buch und diese Begegnung zu verdanken habe, mir von Giuseppina Vitale erzählte. Giuseppina ist sechsunddreißig, ein Jahr älter als ich, und hat zwei Kinder von vierzehn und fünfzehn Jahren. Mit fünfundzwanzig, als ich gerade dabei war, mein Studium abzuschließen, war sie bereits Chefin des Mafia-Bezirks Partinico, die einzige Frau in der Geschichte der Cosa Nostra, die Entscheidungen traf, die normalerweise nur Männern und Mafia-Bossen vorbehalten sind; die einzige Frau, die tatsächlich etwas zu sagen hatte. Als ihre Brüder Leonardo und Vito Vitale verhaftet wurden, übertrugen sie ihre Befehlsgewalt auf ihre sehr viel jüngere Schwester, die sie wie ihre Tochter großgezogen hatten, oder sollte man besser sagen: wie ihren Sohn, den sie einmal mit Verantwortung und wichtigen Aufgaben betrauen würden. Als Ehrenmann.

Natürlich spielen auch die Frauen in der Cosa Nostra eine nicht unerhebliche Rolle. Sie erziehen die Kinder im Sinne der Väter, und wenn ihre Männer untertauchen oder ins Gefängnis müssen, ist es ihre Aufgabe, Kassiber zu überbringen oder sich um Schutzgelder und andere Geschäfte zu kümmern. Aber niemals stand eine Frau einem Mafia-Bezirk vor. Niemals hat eine Frau einen Mord geplant und durchgeführt.

Giuseppina Vitales Geschichte ist einzigartig. Sie wurde dazu erzogen, eine wirkliche und wahrhaftige Mafiosa zu werden. Als Schwester von drei sehr viel älteren Brüdern und Tochter relativ alter Eltern waren ihre Brüder die eigentlichen Eltern für sie, die wichtigsten Bezugspersonen. Sie waren ihre Helden. Giuseppina Vitale hat sich nicht aus freien Stücken entschieden, eine Mafiosa zu werden. Sie hatte keine andere Wahl.

Damit möchte ich sie nicht entschuldigen, noch möchte sie selbst das. Sie ist sich der Verbrechen bewusst, die sie begangen hat, sie bereut ihre Taten und lebt mit ihren Kindern heute fernab von Sizilien, jenem Sizilien, wo die Omertà, das Gesetz des Schweigens, alles beherrscht und wo sie geboren wurde und aufgewachsen ist. Und das ist nicht leicht, denn das Leben mit Jugendlichen ist kompliziert, erst recht, wenn sie ihrer Heimat und ihrer Familie den Rücken kehren mussten und gezwungen sind, sich mit einer Mutter auseinanderzusetzen, die einen Teil ihrer Kindheit nicht miterlebt hat, weil sie im Gefängnis saß.

Es ist diese Giuseppina Vitale, der ich begegnet bin. Eine Frau, die Fehler gemacht hat und nun versucht, sie wiedergutzumachen. Sie weiß, dass sie das Getane nicht mehr rückgängig machen kann, aber sie weiß auch, dass ihre Kinder eine zweite Chance für sie sind.

Als ich zum ersten Mal von ihrem Schicksal hörte, wusste ich sofort, dass ich sie treffen wollte. Was mich am meisten interessierte, waren nicht ihre Straftaten, sondern ihre Geschichte. Die Geschichte einer Frau, die in einem sozialen und kulturellen Umfeld geboren und groß wurde, das ihr bestimmte Entscheidungen auferlegte. Diese Geschichte wollte ich unbedingt hören. Vielleicht wollte ich aus diesem Grund nichts über die Mafia lesen, bevor ich sie traf. Ich wollte ihr auf Augenhöhe begegnen und mich von meinem Instinkt leiten lassen. So als ob wir uns zufällig in einer Bar oder einer Buchhandlung begegnet wären, ohne dass ich irgendetwas von ihr gewusst hätte. Die Recherchen habe ich auf später verschoben. An jenem Märzmorgen ging ich zum Treffen mit einer Frau, die eine Geschichte zu erzählen hatte, und meine Aufgabe bestand lediglich darin, ihr zuzuhören. Einige Monate zuvor hatte ich einen entsprechenden Antrag beim Innenministerium gestellt, um die Möglichkeit eines Treffens zu erfragen. Ich hatte weder eine Vorstellung, was dabei herauskommen sollte, noch eine Ahnung, ob sich überhaupt irgendetwas daraus entwickeln würde. Ich wusste nur, dass ich eine Riesenangst hatte. Was, wenn ich der Sache nicht gewachsen wäre? Man lernt schließlich nicht alle Tage ein ehemaliges Mitglied der Mafia kennen. Und die Mafia macht Angst.

Das Ministerium genehmigt meinen Antrag und bestimmt ein Datum. Das Treffen muss an einem neutralen Ort stattfinden, also weder in Rom, wo ich wohne, noch an dem geheimen Ort, in dem sie lebt. Ich weiß nur, dass ich mich zu einem bestimmten Termin an einer Ausfallstraße einzufinden habe, wo ein Polizeiwagen auf mich wartet. Ich soll nichts weiter tun, als dem Wagen zu folgen.

So begann die Reise, so begann das Abenteuer. Ich sage Abenteuer, denn wenn jeder Mensch eine Welt für sich ist, dann war ich unterwegs zu einem anderen Planeten. So jedenfalls habe ich es während der gesamten Reise empfunden.

Wir erreichen unser Ziel, betreten die Wohnung, in der das Treffen stattfinden soll, und warten. Üblicherweise trifft der Teilnehmer am Zeugenschutzprogramm immer als Zweiter ein. Aus Sicherheitsgründen. Dadurch legt sich meine Angst und ich habe die Gelegenheit, die Polizisten kennenzulernen, die Giuseppina Tag für Tag begleiten, Polizisten, die für sie mittlerweile eine Art Familie sind – die einzige Familie, die ihr abgesehen von ihren Kindern geblieben ist. Einer von ihnen ist Fabio, dem ich für seine Hilfe niemals genug werde danken können. Er hat mich nach Kräften unterstützt und mir vieles über seinen schwierigen und anstrengenden Job erzählt, der keine festen Arbeitszeiten kennt und nicht nur menschliches Einfühlungsvermögen, sondern auch einen außerordentlich hohen persönlichen Einsatz erfordert. Er kümmert sich von morgens bis abends um die seinem Schutz unterstellte Person, und zwar nicht nur in praktischen Dingen, sondern auch in einem ganz menschlichen und sehr persönlichen Sinne. Auch Salvatore, genannt Sasá, ist ein »Quasi-Verwandter« Giuseppinas und beherrscht seinen Job meisterhaft. Und dann gibt es noch Marco, den »Frauentröster«, Lucia und Massimo; alles junge Leute, die mit einem Lächeln im Gesicht für tausendeinhundert Euro im Monat ihr Leben riskieren.

Jeder Einzelne von ihnen hat Geschichten zu erzählen, die ihrerseits Romane füllen, Filmstoffe sein könnten. Auch sie haben zu diesem Buch beigetragen, denn ihre Anwesenheit hat keine unerhebliche Rolle gespielt. Auch für Giuseppina. Jeden Tag aufs Neue.

Die Wohnung, in die man mich führt, ist anonym eingerichtet. Man erklärt mir, dass die Polizei solche Wohnungen extra für Begegnungen dieser Art bereithält. Ich habe ein Aufnahmegerät und eine kleine Filmkamera dabei, obwohl ich gar nicht weiß, ob ich sie überhaupt brauchen werde. Ehrlich gesagt habe ich überhaupt nichts vorbereitet, weil ich damit rechne, dass Giuseppina und ich uns eventuell nicht sympathisch sind und diesem ersten Treffen kein weiteres folgen wird. Dann erhält Fabio einen Anruf, nun ist es so weit. Sie ist da.

Ich weiß nicht, wen ich erwartet habe. Ich weiß nur, dass die Person, die jetzt zur Tür hereinkommt, Lichtjahre von der Vorstellung entfernt ist, die ich mir von ihr gemacht habe. Ich entspanne mich sofort. Sie lächelt, ich lächle. Wir geben uns die Hand, stellen uns vor. Wir haben so lange auf dieses Treffen gewartet. Wir sind beide verlegen und beide Raucherinnen, daher finden wir uns einen Moment später mit einer Zigarette in der Hand auf dem Balkon wieder. Ich habe das plötzliche Bedürfnis, ihr die Wahrheit zu sagen: »Ich bin keine Mafia-Expertin, ich würde mich nur gern mit dir unterhalten und sehen, ob sich daraus etwas ergibt.« »Lass uns so tun«, schlage ich ihr vor, »als würden wir zufällig im selben Zugabteil sitzen. Wir sind zwei Unbekannte, die zum Zeitvertreib miteinander reden. Wenn wir nichts miteinander anfangen können, steigen wir einfach aus dem Zug und verabschieden uns freundlich in dem Wissen, dass wir uns nicht wiedersehen werden.« Die Idee gefällt ihr. Wir setzen uns aufs Sofa und beginnen zu plaudern.

Wir sprechen in erster Linie über die Gegenwart, über ihre aktuelle Situation, über das Zeugenschutzprogramm. Sie erzählt mir von ihren Kindern, ich frage sie, wie sie sie erzieht und wie sie mit den damit verbundenen Problemen und mit den ihrer Lebenssituation geschuldeten Schwierigkeiten umgeht. Sie macht den Eindruck, eine verantwortungsbewusste und gewissenhafte Mutter zu sein. Der ältere Sohn hat sie während der Zeit vor Gericht unterstützt, und als sie einmal nicht bei der Verhandlung erscheinen wollte, sagte er zu ihr: »Mama, du hast dich entschieden, und jetzt musst du es auch durchziehen.« Es ist derselbe Sohn, der sie als Kind, während sie unter verschärftem Strafvollzug im Gefängnis saß, fragte: »Mama, was ist die Mafia?« Giuseppina sagt, dass sie ohne diese Frage vielleicht nicht begriffen hätte, wie sehr sie sich schuldig gemacht hatte. Ihr Muttersein stellte sie vor die Wahl, und während sie ihren Sohn umarmte und ihm erklärte, dass ein Mafioso ein Mann ist, der über andere Männer bestimmt, wurde ihr klar, wie falsch das alles war. »Das ist eine schlimme Sache, besser kann ich es dir nicht erklären. Wenn du groß bist, wirst du es verstehen.«

Während Giuseppina mir von ihrem gegenwärtigen Leben erzählt, lerne ich viel über ihre Vergangenheit. Mir wird klar, dass ich keine Ahnung davon habe, was es bedeutet, die eigene Persönlichkeit aufzugeben, weil jemand anderes es von dir verlangt. Das Gefängnis, ihre Kinder, das Zeugenschutzprogramm haben ihr die Chance auf einen Neubeginn gegeben. Die Chance, sich als sie selbst zu definieren. Eine Selbstverständlichkeit, so scheint es, aber für sie war es das nicht. Sie erzählt, im Gefängnis habe sie sich zum ersten Mal in ihrem Leben frei gefühlt. Diese widersprüchliche Aussage offenbart ihre ganze Vergangenheit: Nichts von dem, was sie getan hat, hatte sie selbst bestimmt. Im Gefängnis konnte sie lesen, kurze Röcke tragen und sich schminken, wann immer sie wollte. Ihre Zeit gehörte ihr selbst; nicht dem Bruder im Gefängnis, nicht dem untergetauchten Bruder, nicht den Anwälten oder dem Ehemann. Ihr selbst. Sie konnte über ihre Zeit verfügen. Eine Unterbrechung ihres Alltags, die es ihr erlaubte, Abstand von ihrem früheren Leben zu bekommen, als würde sie sich plötzlich aus der Vogelperspektive betrachten können und so verstehen, wer sie ist. Sie, Giuseppina Vitale, und nicht mehr Giuseppì, Leonardos und Vitos Schwester, ihr verlängerter Arm, ihr verlängerter Geist, ihr verlängertes Herz.

Und während sie mir das alles erzählt, wird mir klar, dass es von fundamentaler Bedeutung sein kann, ob du in Rom oder in Partinico geboren wirst. Erst recht, wenn du eine Frau bist. Mir wird aber auch klar, dass du immer eine Wahl hast, auch wenn es nicht danach aussieht, auch wenn es unmöglich scheint. Ich frage sie, ob sie nie darüber nachgedacht habe, eine Wahl zu haben, und ihre Antwort lautet Nein. Dass es eine Alternative zu dem Leben, das sie führte, hätte geben können, schien ihr vor ihrer Zeit im Gefängnis unmöglich. Und so wird mir bewusst, dass das, was mich an ihrer Geschichte am meisten interessiert, diese Alternativlosigkeit ist. Die Unausweichlichkeit des Schicksals, je nach dem, ob du an dem einen oder anderen Ort geboren wurdest; in die eine oder die andere Familie. Und inwieweit dieses Schicksal abwendbar ist, unter der Bedingung, dass man eine zweite Chance bekommt. Wer tot ist, hat keine zweite Chance, und den Familienangehörigen bleiben nur der Schmerz, die Wut, die Resignation.

Wir reden und reden und vergessen die Zeit. Der Aschenbecher quillt über, draußen wird es dunkel. Wir haben die Zeit, die uns gewährt wurde, ausgeschöpft. Wir haben uns über ihr jetziges Leben unterhalten, über ihr und mein Muttersein, über die Träume und Erwartungen, die diese zweite Chance in ihr nährt. Ich weiß immer noch nichts darüber, wie und warum sie Bezirkschefin wurde. Wie es sich anfühlte, über Leben und Sterben eines anderen Menschen zu verfügen, oder wie es war, mit ausgeschalteten Scheinwerfern durch die Nacht zum Versteck ihres untergetauchten Bruders zu fahren. Was sie empfand, als sie ihm, mit der Pistole in der Hand und auf dem Boden liegend, Seitendeckung gab, während ihre Kinder ahnungslos zu Hause schliefen.

Als wir uns verabschieden, wissen wir, dass dieses Treffen nicht das letzte war. Dass die Reise gerade erst begonnen hat.

Denn uns zu unterhalten kam uns ganz natürlich vor.

Wir waren einfach zwei gleichaltrige Frauen im selben Zugabteil während einer imaginären Reise.

Im Lauf der Zeit haben wir ein Vertrauensverhältnis aufgebaut, ohne das dieses Buch nicht möglich geworden wäre. Ein Vertrauen, das wir niemals ausgenutzt haben.

Dies ist kein Buch über die Mafia.

Dies ist die Geschichte einer Frau.

Dank

Ich verdanke dieses Buch meinen Kindern, die immer zu mir gehalten haben, Hand in Hand und Schritt für Schritt.

Ich verdanke es Maria Cristina Lo Bianco, Anwältin, Freundin und Schwester, auf die ich vertraut habe und auf die ich immer zählen kann.

Ich verdanke es auch einem besonderen Freund, der mich trotz allem nie im Stich gelassen hat.

Ebenso meiner besten Freundin Graziella, die mich in diesen Jahren immer unterstützt und mir beigestanden hat.

Ich verdanke es den Richtern Del Bene, De Lucia und Pietro Grasso, die an mich geglaubt und mir die Kraft gegeben haben, meinen Weg weiterzugehen.

Außerdem verdanke ich es allen, die mir in diesen Jahren Mut gemacht haben, meinen Weg weiter zu gehen.

Allen danke ich von Herzen.

G. V.